Conserver la Couverture

I0083030

Petite Histoire Populaire

DE

2828

CHRISTOPHE COLOMB

PAR

LA V^(tesse) DE PITRAY, née DE SÉGUR

Quarante-cinq gravures.

LIMOGES

Marc Barbou et Cie, Imprimeurs-Libraires

Rue Puy-Vieille-Monnaie.

—

1892

Petite Histoire Populaire

DE

CHRISTOPHE COLOMB

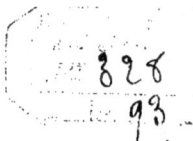

Retour de Christophe Colomb.

Petite Histoire Populaire

DE

CHRISTOPHE COLOMB

PAR

LA V^{tesse} DE PITRAY, née DE SÉGUR

Quarante-cinq gravures.

LIMOGES

MARC BARBOU & Cie, IMPRIMEURS-LIBRAIRES

Rue Puy-Vieille-Monnaie.

1892

PRÉFACE

Généralement en Europe, même en France, terre natale de la gloire et des généreux enthousiasmes, les Femmes n'ont jusqu'à nos jours guère paru prendre intérêt ni aux découvertes ni aux émouvantes infortunes de Christophe Colomb. Leur ignorance perpétuée héréditairement est égale à leur indifférence envers le Révélateur du Globe.

Quand fut publiée son histoire écrite sur l'ordre du grand Pape Pie IX, le premier d'entre les successeurs de saint Pierre qui ait mis le pied dans le Nouveau-Monde, quelques femmes en Espagne et en Italie, transportées d'admiration pour ce Héros chrétien, épanchèrent en vers harmonieux la vivacité de leur émotion. A Rome, plusieurs salons s'improvisèrent en académies. Dans plus d'un palais on ouït de nobles accents. A Milan, la duchesse Melzi; à Vérone, la comtesse de Canossa, sœur du Cardinal patron des missions africaines; à Munich, la comtesse d'Arco-Valley, etc., etc., célébraient le vainqueur de *la Mer Ténébreuse*. L'Andalousie assista aux joûtes poétiques des belles senoras sur le même sujet. La munificence de Mgr le duc de Montpensier a préservé de l'oubli ces brillantes inspirations, en les réunissant sous forme de volume. Mais, hélas! durant ces mélodieuses expansions aucune Française n'était sortie de son léthargique mutisme.

Enfin, une voix féminine s'élève parmi nous, pure et vibrante, venant réveiller le sexe aimable de nos cités et résumer à son profit la vie du Messager de la Providence.

Mme la Vicomtesse de Pitray, Présidente du comité des Femmes de France pour l'érection de la basilique nationale à Domrémy, après avoir, dans différents recueils, magnifiquement glorifié notre Jeanne d'Arc, veut aujourd'hui honorer l'homme de la Découverte, l'envoyé du Verbe Rédempteur. Il appartenait à la digne sœur du saint Evêque aveugle, Mgr de Ségur, d'attirer l'attention des Françaises sur le Révélateur de l'autre hémisphère, et de signaler à leur édification les merveilles de sa dramatique existence.

Les pages qu'une gracieuse condescendance nous a permis de parcourir, avant d'être livrées à la publicité, n'ont nullement besoin de recommandation. Elles se suffisent, leur lecture devant les faire irrésistiblement aimer. De plus, elles arrivent fortunément à l'approche de ce quatrième centenaire que s'apprête à solenniser l'univers chrétien. Nous sommes heureux de pouvoir féliciter d'avance la plume élevée qui a su condenser en un si mince volume de si grandes choses, pour faciliter davantage leur diffusion dans les pensionnats, les écoles de jeunes filles et les asiles de la piété catholique.

Cte Roselly de Lorgues.

A Monsieur le Comte Roselly de Lorgues.

Monsieur le Comte,

L'humble plume qui ose rédiger un abrégé de votre merveilleux ouvrage, se permet de le faire précéder d'une dédicace reconnaissante, en l'honneur de l'historien de Christophe Colomb. Guidée par votre écrit comme par un phare céleste allumé par Dieu Lui-même, cette plume va tracer timidement les lignes que lui inspire votre ineffable récit. Partagée entre le respect et l'entraînement d'un tel sujet, mon âme se confie à votre saint Héros pour mettre dans ce résumé d'une vie prodigieuse toutes les ardeurs et toutes les beautés d'En-Haut dont votre livre est rempli.

Évangile d'une sainteté sans pareille, écrit sur l'ordre du Pape de l'Immaculée-Conception, votre ouvrage, toujours inspiré, sera, j'aime à l'espérer, dans toutes les mains, comme le contenu dans toutes les mémoires.

De même que Joseph aima et protégea son petit frère Benjamin, de même l'« Histoire de Christophe Colomb » patronne et inspire la Petite Histoire du Grand Serviteur de Dieu et lui donne, avec une *bonté pleine de bienveillance, les éléments nécessaires pour raconter avec simplicité à l'innocence catholique ce qui l'édifiera en l'instruisant. Tout le bien qui en résultera devra rejaillir sur vous, Monsieur le Comte, et enrichira encore la couronne éternelle que vous prépare le Christ, reconnaissant de vos labeurs incessants pour Son saint Messager.*

Veuillez agréer, Monsieur le Comte, l'assurance de mon respectueux attachement en J. M. J.

V^{tesse} *de PITRAY, née de Ségur.*

AVANT-PROPOS

Christophe Colomb est l'un de ces hommes prodigieux dont la mission divine et la sainteté ont été méconnues pendant des siècles. Il appartenait à un chrétien comme le comte Roselly de Lorgues, de révéler enfin ce qu'il en est sur celui qu'il appelle à juste titre « le Messager du Verbe » et « l'Ambassadeur de Dieu.» Grâce à sa bonté généreuse, mon humble plume va pouvoir dire brièvement ce que fut véritablement Christophe Colomb. Sa vie, toute de labeurs et de tortures à la fois physiques et morales, peut être divisée en quatre parties : je veux parler de ses quatre voyages et découvertes.

Le premier fut celui de la Gloire : c'est le Thabor de Colomb. Les prières de deux saintes femmes l'illuminent : celles de l'admirable reine Isabelle la Catholique, et celles de sa pieuse et modeste épouse, l'angélique Dona Béatrix, sa seconde femme, ensevelie dans une retraite volontaire.

Le second fut tout de labeurs. L'ingratitude espagnole y seconde la haine sataniquement jalouse de Ferdinand, l'indigne époux d'Isabelle.

Le troisième est consacré à la souffrance dans le travail. La passion du saint Navigateur s'élargit et progresse. Son Calvaire devient terrible.

Le quatrième est celui de la Croix, celui du martyre ! Colomb y est cloué jusqu'à sa mort, et semblable au soleil couchant, jette sur le monde les derniers et merveilleux éclats de son saint génie.

L'Avant-propos raconte la vie cachée de notre héros-martyr. Cette ressemblance avec Nazareth rend la grandeur de Colomb plus touchante encore. Puissent les femmes le comprendre et l'exalter enfin ! Elles reprendront noblement la tâche sublime de la Souveraine au cœur d'ange qui fut l'âme de la Découverte. Peut-être pourront-elles même faire rendre au Nouveau-Monde le nom splendide qui lui avait été donné par Colomb inspiré de Dieu : *La Terre de Grâce !* délivrant ainsi ces contrées magnifiques de l'appellation aussi ridicule que mensongère dont la médiocrité, la haine envieuse et la folle erreur l'ont affublée.

ILS de noble et illustre race, Christophe Colomb, né en 1435, puisa dans l'exemple de son père, Dominique Colomb, et de sa mère, Suzanne Fontanarossa, les mâles vertus et les qualités multiples que donne une éducation chrétienne et intelligente. Ses frères cadets, Barthélemy et Jacques, se montrèrent plus tard à la hauteur de leur saint aîné. Un autre frère, Pellegrino, mourut jeune, et sa sœur, mariée à un brave ouvrier, eut une vie obscure sur laquelle on n'a pu avoir aucun détail.

La famille Colomb, appauvrie, travaillait pour vivre. Elle était de Gênes, et Christophe Colomb naquit dans un faubourg de cette ville, il le dit lui-même formellement à deux reprises dans ses écrits. Les nobles cœurs savent garder les grandes traditions dans les situations les plus humbles. Le cardeur Dominique Colomb en donna la preuve par la façon dont ses enfants lui firent honneur ; cortège glorieux du noble travailleur qui, autre Jacob, vit son aîné, autre Joseph, effacer par l'éclat de ses vertus, aussi bien que par la splendeur de sa gloire et les rayons de son génie, les hommes les plus remarquables de l'antiquité comme ceux de l'histoire moderne. Moïse du Nouveau-Monde, David des mers, Christophe Colomb ajouta le tendre amour de Jean, l'apôtre bien-aimé, à ces ressemblances merveilleuses. Il se montre à nous, enfin dégagé des nuages de l'erreur et du mensonge historique, comme l'un de ces astres jetés de loin en loin dans l'espace par la Main de Dieu, pour nous éblouir en nous édifiant.

Dès l'enfance, Colomb aimait la mer, et s'embarqua vers l'âge de quatorze ans. Il navigua bientôt sous le drapeau de la France, puis un naufrage le jeta sur les côtes du Portugal (il avait alors trente-deux ans) et lui fit retrouver là son frère Barthélemy. Comme lui, marin émérite, ce dernier s'était fixé dans le pays où l'on s'occupait tout spécialement de navigation et de travaux y attenant. L'infant Don Henrique était le centre de cette réunion d'hommes de mer sérieux et distingués. Christophe Colomb en augmenta le nombre, et fut vite apprécié par le savant prince comme par le Roi de Portugal, lorsque la mort eut fait disparaître l'infant.

Un mariage des plus honorables contracté avec une noble et pieuse jeune fille du pays, Dona Felippa de Perestrello, sembla fixer définitivement le naufragé dans ces parages. Aimable, digne et beau, les études et les saints projets de Colomb donnaient à sa personne un reflet ascétique, adouci par une bonté ravissante. Sobre et réservé, son régime était celui d'un anachorète, comme ses allures étaient celles d'un gentilhomme accompli. Sans s'en douter, tant il était modeste, Colomb imposait et l'attention et le respect.

Un voyage avec sa jeune femme accentua encore l'ardeur de ses projets gigantesques. Divers indices, divers renseignements fixèrent ses idées et la naissance de son fils Diego ne put le distraire de ses résolutions. Une correspondance avec Paul Toscanelli, médecin de Florence, mathématicien et cosmographe, établit que.

dès 1474, la résolution de Christophe Colomb d'aller à la Découverte des terres qu'il pressentait exister à l'ouest, était arrêtée. Toscanelli approuvait cette idée comme grande et noble, et « déjà Colomb lui parlait des avantages inappréciables qui en résulteraient pour toute la Chrétienté »(1). Voilà quel était le but de l'homme que l'on a osé traiter d'aventurier !... La sainte âme du Navigateur était éprise de la folie de la Croix. De là, l'acharnement abominable des écrivains hostiles au Catholicisme, pour travestir sa pensée et dénaturer ses actes.

En 1476, Colomb résolut d'agir. Désireux d'associer sa patrie à sa gloire, il se rendit à Gênes pour y proposer son plan au Sénat. Refusé par cette assemblée, le pieux marin partit pour Venise ; là, encore, le Conseil des Dix n'accueillit pas ses offres.

Un voyage dans le Nord, au-delà de l'Islande, fut fait par Colomb en 1477, et enrichit le trésor de ses observations. Sa nature puissante s'assimilait la science, tout en jouissant avec candeur des beautés qui se présentaient à lui, et il utilisait en maître ses merveilleuses facultés de vue perçante, d'odorat subtil et de toucher délicat.

Divers autres voyages furent encore faits par lui, sans pour cela diminuer sa gêne, malgré son courageux labeur.

Le Roi Joam II, qui régnait alors en Portugal, séduit par la conversation et la profondeur des vues de Colomb, accueillit favorablement l'idée d'une expédition de Découverte ; mais la commission chargée d'examiner ce projet conclut au rejet, et il ne fallut rien moins que la persistance des réflexions du Roi pour ne pas faire tomber dans l'oubli cette négociation.

Hélas ! un conseil perfide amena Joam II à tromper

(1) Comte Roselly de Lorgues, *Histoire de Christophe Colomb*, 2 vol., chez Didier, 35, quai des Grands-Augustins, Paris.

Colomb et à se faire livrer ses plans, ses cartes et ses notes, pour envoyer à son insu un navire dans la direction désignée par le hardi marin. « Mais, si l'on avait surpris à Colomb ses données scientifiques, on n'avait pu lui dérober sa fermeté, sa foi, sa supériorité de coup d'œil, le don mystérieux reçu d'En-Haut, pour l'accomplissement de son œuvre » (1). Car le pieux Navigateur ne dissimulait pas son saint désir de faire des Découvertes pour la diffusion du saint Evangile. Pris de peur, l'équipage revint honteusement sur ses pas, et son arrivée ébruita la raison du voyage, par suite de la jactance des marins, devenus railleurs et fanfarons après s'être montrés lâches.

Cette félonie blessa Colomb d'autant plus douloureusement qu'il pleurait sa femme dans son foyer devenu désert! Il se refusa à reprendre les négociations que Joam II désirait renouer et pour se soustraire à ses instances, il réalisa le peu qu'il possédait, et s'enfuit avec son cher petit Diégo, dont les traits délicats rappelaient la beauté de sa mère à l'époux désolé. On était alors à la fin de 1484.

Colomb se rendit à Gênes, près de son père ; puis, après avoir passé quelque temps près de celui qu'il chérissait avec la profondeur de tendresse qui était en lui et qui caractérisait cette nature admirable, il se résolut d'offrir à la Reine de Castille, Isabelle la Catholique, et à son époux Ferdinand, roi d'Aragon et de Sicile, d'exécuter son plan. Il partit donc pour l'Espagne avec le petit Diégo, après avoir assuré les besoins de son cher et excellent père pendant son absence.

. . . .

C'est aux environs de Palos, sur les bords de l'Océan, que Colomb, croyant s'être égaré, fut dirigé par Dieu vers le monastère des Franciscains de la Rabida. Son

(1) Roselly de Lorgues, édition populaire, chez Palmé, 76 rue des Saints-Pères, Paris, page 33.

— 15 —

cher enfant avait faim et soif. Le père vint demander à cette aimable maison de l'aimable saint François d'Assise de quoi réconforter le pauvre petit, fatigué de la route...

O doux mystère de la Providence ! le Père Prieur, Frère Juan Perez de Marchena, ancien confesseur de la

Reine Isabelle, était l'un de ces Religieux, si méconnus aujourd'hui, hélas ! qui alliaient la science à la sainteté, les ardeurs du patriotisme aux flammes de l'amour divin. Quelques mots dits par Colomb éveillèrent son intérêt. Il l'interrogea, et les candides réponses du saint génie lièrent à jamais, en un instant, ces deux âmes sœurs, ces deux chercheurs de la gloire du Christ.

Il y a de ces natures qui se reconnaissent à première vue et pour lesquelles l'affection ressemble au grain de sénevé de l'Evangile; peu d'instants suffisent à la développer dans toute sa splendeur.

Comme le pieux Navigateur, le Franciscain regardait en pensée l'immensité mystérieuse, se disant avec angoisse qu'il y avait peut-être là des âmes à sauver; de ces âmes pour lesquelles son Jésus avait souffert, comme Il avait souffert pour lui. Avec l'intuition de la sainteté, il devina sur le champ en Colomb l'Envoyé divin, chargé de frayer une route à la Croix dans ces lointains parages, et dès cet instant, l'étranger devint son frère, son hôte et l'ami de sa foi. Installé au monastère, Colomb dût céder à la prière généreuse du saint Religieux, et lui confier son fils, afin de lui laisser faire son éducation; puis, muni de quelque argent que son ami sut délicatement lui faire accepter, l'Ambassadeur de Dieu partit pour Cordoue.

Colomb était plein d'espoir dans la lettre que lui avait remise le Frère Juan Perez pour le prieur de Prado, confesseur de la Reine Isabelle. Ses douces illusions s'évanouirent vite. Fernando de Talavera, quoique pieux et instruit, n'était pas de taille à comprendre Colomb ni son merveilleux projet. Ce Religieux fut un obstacle au lieu d'être un soutien. Le Messager du Christ dut attendre, patienter et continuer sa vie de labeurs et de privations.

Au milieu de ces épreuves, une noble et riche demoiselle dont les vertus égalaient la beauté, Dona Béatrix Enriquez, de la grande maison des Arana, apprécia cette âme d'élite et allia son sort au sien par les nœuds du mariage, en novembre 1486. Dieu bénit cette union et la rendit féconde. Le 29 août suivant, un fils, qui fut nommé Fernando, naissait pour devenir plus tard le consolateur de son illustre père et le continuateur de ses vertus héroïques. Le caractère de cette alliance en est étrange. « On y découvre associés l'inattendu, la grandeur et la souffrance. Cette affection fut puissante et généreuse du côté de Colomb, touchante et poétique du côté de Béatrix... S'il l'admira à cause de son charme, à coup sûr il ne s'éprit que par son dévouement et ne l'aima que parce qu'elle l'aimait. La reconnaissance, ce généreux sentiment qui s'enracine au plus profond de l'âme humaine, vint subjuguer la tendresse de cet homme, que rien n'aurait assujettie pendant qu'il renfermait dans sa méditation la plus vaste pensée de la terre... Ce fut une inclination pure, invincible, plus forte que l'ambition, l'expérience et le malheur »(1).

Cette union, bientôt suivie d'une séparation forcée, par suite de la mission très sainte de Colomb et de son éloignement continuel, fut un déchirement de plus pour son cœur si aimant, une épreuve persistante pour sa vertueuse jeune femme. L'un et l'autre furent à la hauteur de l'épreuve et surent faire abstraction de leur tendresse, pour Dieu et pour le salut des âmes qui languissaient dans les parages inconnus, cachées au loin...

---

(1) Roselly de Lorgues, édition populaire, page 54.

GR Antonio Géraldini, ancien Nonce, connut alors Colomb et devint vite son ami. Il le présenta au grand Cardinal Mendoza, premier ministre, qui comprit la supériorité du saint Navigateur. Par la bienveillante entremise du Cardinal, Colomb put enfin obtenir audience des Rois, (car c'est ainsi que l'on appelait Isabelle et Ferdinand).

L'attention des Souverains fut captivée par cet homme extraordinaire. La simplicité avec laquelle il parlait de son but inouï, la foi ardente qui lui faisait souhaiter la découverte de parages inconnus pour y porter les lumières de l'Evangile, s'accordaient avec la noblesse de son maintien et l'aisance de ses manières. L'Ambassadeur de Dieu, traitant les Rois d'égal à égal, laissa librement parler son cœur. Isabelle en fut pénétrée. De cet instant, la pieuse Reine porta un réel inté-

rêt à cet étranger qui inspirait à première vue une
estime mêlée de respect.

Quant au Roi, il était trop froid et trop circonspect
pour se laisser ainsi entraîner, et il renvoya son appré-
ciation à une assemblée nommée *junte*, composée de
savants.

Malgré les explications claires, précises et pleines
d'éloquence données par Colomb, malgré l'approba-
tion de plusieurs des membres de cette junte, il y eut
des retards immenses apportés à sa décision. Le siège
de Baza avait forcément suspendu les conférences sur
le projet de Découverte, absorbant l'attention comme
les forces des Souverains et de leurs sujets. L'insuffi-
sance de Ferdinant eût fait échouer cette grande entreprise militaire et chrétienne, mais le génie de la grande
Isabelle sut agir, galvaniser son armée et effrayer les
Maures qui capitulèrent. Cette reddition sema l'effroi
dans l'Islamisme, et combla de joie l'Espagne chrétienne. Des fêtes splendides célébrèrent la gloire de la
pieuse Souveraine triomphante ; mais elles prolon-
geaient la douloureuse situation de Colomb, qui atten-
dait la reprise des conférences sur son projet depuis
plus de deux ans !

Une négociation de mariage pour la fille aînée des
Souverains, l'infante Isabelle, avec l'infant Don Alonzo, héritier présomptif de la couronne de Portugal,
fut suivie de réjouissances publiques pour cette royale
alliance. Ce fut un nouveau retard imposé à la patience de Colomb. Quelle épreuve pour lui dont le caractère
eût été plein d'impétuosité si la vertu ne l'eût dominé.
Le génie chrétien voyait s'avancer le cours des ans
sans pouvoir atteindre son but, sans pouvoir accomplir
sa mission...

Hélas ! lorsque la junte se réunit enfin de nouveau,
pour statuer sur le projet de Découverte, son opinion
fut défavorable au grand homme. Les membres de cette
assemblée « déclarèrent à l'unanimité que ce projet

reposait sur une base fausse et imaginaire, son auteur affirmant comme vérité ce qui était impossible. »(1)

La Reine seule n'abandonnait pas le projet. Son âme pressentait la vérité sublime, et elle fit dire à Colomb que dès la fin de la guerre (les Castillans devaient attaquer Grenade), on reprendrait l'examen de sa proposition. C'était l'attente pour un temps indéfini.

Sans être abattu par ce coup douloureux, le pieux Navigateur proposa alors l'entreprise au duc de Médina-Sidonia, qui se borna à le recevoir avec distinction, mais regarda son plan comme illusoire, se défiant de lui, surtout parce qu'il était un étranger.

L'intendant du duc de Médina-Céli, Moralès, engagea sur ces entrefaites, son maître à faire exécuter l'entreprise de Colomb. Le grand seigneur espagnol, charmé des qualités et des vertus du grand homme, lui donna sa confiance et fit construire des navires « propres à un voyage de découvertes. Puis au moment de l'exécution, se ravisant, et craignant qu'une telle entreprise, faite en son nom, ne portât de l'ombrage à la Reine, il songea à solliciter son autorisation. »(2)

Isabelle souhaita, en effet, s'occuper de cette glorieuse expédition, et fit venir Colomb près d'elle ; elle causa avec lui plusieurs fois, mais en disant de nouveau qu'on ne le satisferait qu'après la guerre, c'est-à-dire dans un temps indéterminé...

Las de subir refus, affronts, délais, moqueries, soupçons et dédains ; las de faire antichambre ; las de consumer sa vie dans des voyages stériles, Colomb cessa d'insister. Indigné, l'âme débordant d'amertume, il s'éloigna pour aller à la Rabida reprendre son fils ainé et le confier a sa femme, à Cordoue. Il comptait ensuite se rendre en France afin de s'entendre avec le Roi sur ce Projet sublime, follement rejetté par les médiocrités

(1) Roselly de Lorgues, édition populaire, page 68.
(2) Roselly de Lorgues, édition populaire, page 69.

Espagnoles. Barthélemy Colomb, d'accord avec son frère, était parti de son côté du Portugal pour sonder le Roi d'Angleterre au sujet de l'entreprise méditée par son saint aîné.

Quelle tristesse pour le cœur si bon et si aimant du Père de Marchena, lorsqu'il vit revenir vers lui son pieux ami, écrasé de douleur plus encore que de fatigue et broyé par six années de lutte, de dénuement et de patience inutile ! A la nouvelle que son pays allait perdre l'occasion merveilleuse de s'illustrer à jamais en exécutant l'entreprise prodigieuse rêvée par Colomb, son patriotisme bouillonna, tandis que son cœur saignait pour son ami méconnu ! Avec une autorité suppliante, il suspendit le départ de Colomb et il écrivit à la Reine une lettre où débordait la fougue de son cœur d'Apôtre et de son âme d'Espagnol...

La réponse fut un appel d'Isabelle à Colomb. Avec une prévoyance aussi délicate qu'ingénieuse, la généreuse Souveraine envoyait au pieux Navigateur une somme importante destinée à pourvoir à ses besoins et sans attendre que les fêtes triomphales de la reddition de Grenade fussent terminées, elle donna audience à Colomb.

— ...Mais quand il s'agit de s'entendre au sujet des avantages dont le grand homme devrait jouir en cas de succès, les commissaires chargés de traiter avec lui restèrent confondus ! Le seul énoncé de ses prétentions montra la grandeur de ses espérances et l'immensité du changement qu'amèneraient ses Découvertes sur la face du globe.

Colomb déclara vouloir être :

Vice-Roi.

Gouverneur-Général des îles et Terre Ferme à découvrir.

Grand Amiral de la Mer Océane.

— Ses dignités se transmettraient héréditairement dans sa famille par droit d'ainesse.

— Il recevrait royalement la dîme de toutes les richesses, perles, diamants, or, argent, parfums, épices, fruits et productions quelconques découvertes ou exportées dans les régions soumises à son autorité.

— ...Ah ! s'il demandait tout cela, c'est qu'il était dévoré par un zèle apostolique. Il brûlait de délivrer le Saint-Sépulcre, soit par une rançon royale, soit par la force ; et il aspirait à offrir Jérusalem et la Terre-Sainte au Saint-Siège dont il se constituerait l'humble et fidèle gardien pour le Vicaire de Jésus-Christ. Voilà le secret de cette âme merveilleuse. Sans Ferdinand, Colomb eût réalisé ce rêve du Ciel, de concert avec la pieuse Isabelle, si bien faite pour le comprendre et le seconder !

L'Ambassadeur de Dieu n'admit pas que l'on discutât ses prétentions. Il traitait en Roi et entendait tenir royalement à sa parole.

« Il se retira fièrement. » (1)

— Mais alors, malgré l'éloignement du déplorable Ferdinand pour ce Projet divin, les chrétiens d'élite s'indignèrent, agirent et parlèrent à la Reine avec une respectueuse fermeté. Tour-à-tour, le vertueux Luiz de Santangel et le pieux Alonzo de Quintanilla firent entendre à leur Souveraine de courageuses vérités et plaidèrent chaleureusement la cause de sa gloire, tandis que le saint Franciscain Juan Perez accouru de la Rabida, était prosterné devant le Tabernacle de la chapelle Royale, à quelque pas, et priait avec cette ardeur à laquelle le Seigneur ne peut résister...

« Sans doute Dieu l'exauça.

« Soudain la Reine change d'attitude. Son regard s'illumine. Un mouvement mystérieux s'opérait dans son âme. Dieu lui ouvrait l'entendement. Ses yeux se dessillaient ; elle comprenait Colomb tout entier ;

(1) Roselly de Lorgues, édition populaire, page 81.

elle voyait quel homme lui avait envoyé la Providence. » (1)

— Et dans son admirable générosité de cœur, la Souveraine déclara alors à ses fidèles serviteurs ravis qu'elle n'hésiterait pas à faire l'abandon de ses joyaux pour assurer les frais de la sainte entreprise, vu l'épuisement du trésor royal. Seule contre tous, malgré

son époux qui régnait sur l'Aragon, mais qui avait dû se résigner à la laisser régner exclusivement sur la Castille, la grande Isabelle inaugurait sa gloire nouvelle en sacrifiant ce à quoi les femmes tiennent tant : ses bijoux.

(1) Roselly de Lorgues, édition populaire, page 84.

Elle délaissait un éclat mortel pour une splendeur
sans fin, et la Vierge a dû Se plaire, Là-Haut, à parer
de Ses Mains virginales et royales cette Souveraine qui
s'était volontairement dépouillée, pour envoyer l'Ambassadeur de Dieu découvrir les contrées contenant des
âmes à sauver, et pour y faire briller la Croix libéra-
trice dissipant les ténèbres de l'idolâtrie. Le Ciel dût
fêter cette hardiesse sublime de la chrétienne couron-
née, plus grande encore par ses vertus que par son
rang. Elle préparait les voies du Seigneur, et sa superbe
audace pressentait les merveilles de sainteté dont
l'Eglise a orné ses autels et dont sainte Rose de Lima
est la fleur la plus rayonnante, « l'*odor di Santita* »
qui parfume à jamais le Ciel et la Terre.

PREMIER VOYAGE DE DÉCOUVERTES — LA GLOIRE

DMIRABLEMENT reçu par la Reine qui lui accorda toutes ses demandes dans un acte solennel signé le 14 avril 1492 à Santa-Fé par les Souverains, Colomb partit ensuite pour Palos en passant par Cordoue pour divers arrangements relatifs à ses enfants. Il fut accueilli avec une allégresse ravie par le Père de Marchena et de ce jour, le saint Religieux se montra l'Ange désigné par la Providence pour aplanir au grand Navigateur les obstacles multiples qui se présentèrent lorsque l'on voulut organiser la flotille. Il fallait à Colomb trois caravelles, navires spéciaux propres à l'exploration et aux lointains voyages. L'épouvante des marins égala celle de la population lorsque l'on sut qu'il s'a-

gissait de s'enfoncer dans cet immense océan appelé
du nom sinistre et significatif de « *Mer Ténébreuse.* »
Les géographes arabes l'indiquaient sur les cartes par
une griffe formidable... celle de Satan ! s'élevant du
sein des flots pour saisir et perdre les navires. Ceux
d'Europe désignaient l'espace redouté par mille ima-
ges plus terrifiantes les unes que les autres. On juge
donc de l'effroi des matelots lorsque le commissaire
royal, Juan de Penazola, leur fit savoir ce que la Reine
exigeait d'eux. Les têtes se montèrent ; à défaut de
rébellion ouverte, on eut recours aux subterfuges, à
l'inertie... une révolte était devenue imminente lorsque le dévouement plein d'intelligence du Père Juan
Perez vint tout aplanir. Non content d'aller voir les
marins et de les rassurer en rectifiant leurs idées, il
mit Colomb en relation avec les frères Pinzon, capitaines de vaisseaux et propriétaires de caravelles. La
confiance qu'il sut leur inspirer à l'égard du saint
Navigateur fut le signal d'un apaisement soudain. La
flotille put enfin recruter les hommes nécessaires aux
trois bâtiments.

— Sur « *la Santa Maria* » (ainsi baptisée par le
pieux chef de l'Expédition) se trouvaient cinquante
six hommes.

Colomb la commandait.

L'aîné des Pinzon montait la fine voilière « *Pinta* »
dont il était capitaine. Son équipage était de trente
hommes, officiers compris.

La coquette et jolie marcheuse « *Nina* » (ce qui
signifie « la petite ») était commandée par Vincent
Yanez Pinzon ; elle n'avait que vingt quatre hommes
d'équipage.

Une pieuse et solennelle cérémonie rassembla au
pied de l'autel de la Rabida le saint Navigateur et ses
marins. Tous communièrent de la main du vaillant
Père de Marchena.

« Toute la ville de Palos partageait l'attendrisse-

ment des marins ; il y eut bien des larmes de versées
dans la chapelle de la Vierge. » (1)

De ce moment, les hommes furent consignés à bord
des navires et Colomb, resté au monastère où il vivait
absorbé en Dieu, s'inspirant de Ses Lumières inneffa-
bles pour se pénétrer de sa sainte et redoutable mission,
embrassa son cher Diégo (confié au bon abbé Martin
Sanchez et à Rodrigo Cabezudo, ses amis dévoués qui
l'emmenaient à Cordoue chez Dona Beatrix pour y
achever son éducation) et, en prières dans sa cellule de
la Rabida, le saint Tertiaire Franciscain attendit avec
calme la brise favorable, pour s'éloigner dans la direction de la terrible « Mer Ténébreuse ».

Le vendredi, 3 août, vers trois heures du matin,
Colomb fut réveillé « tout-à-coup par le doux susurre-
ment des pins dont la brise de terre commençait à
bercer les cimes. » (2)

Ce jour du vendredi était tout particulièrement
aimé de Colomb, « car c'était le jour de la Rédemp-
tion. » (3) Peu d'instants après, il était prosterné dans
la Chapelle où « le Père gardien monta à l'autel pour
offrir l'auguste sacrifice à une intention jusque là
inouïe et peut-être unique depuis l'institution de l'Eu-
charistie... Colomb reçut en viatique le pain des
Anges... » (4)

— Accompagné de son incomparable ami, l'Ambassadeur de Dieu s'éloigna en silence et arriva à Palos
où son embarquement, les sifflets commandant les
manœuvres réveillèrent brusquement la population.
Les pauvres gens se pressaient les uns sur le quai, les
autres dans leur barques pour faire aux marins leurs
adieux... les derniers, peut-être !

— Après avoir embrassé avec une tendre reconnais-

(1) Roselly de Lorgues, édition populaire, page 103.
(2) Roselly de Lorgues, édition populaire, page 110.
(3) Roselly de Lorgues, édition populaire, page 110.
(4) Roselly de Lorgues, édition populaire, page 111.

sance le saint Religieux « ému jusqu'aux larmes,
Colomb lui fit ses muets adieux ; on arbora alors sur
« *la Santa Maria* » le royal Etendard de la flotille.
Emblème des pieux sentiments de Christophe Colomb
et du but réel de son voyage, ce drapeau était véritablement l'Etendard de la Croix. Il portait l'image de
Notre Seigneur Jésus-Christ, cloué sur l'arbre du Salut,

tandis qu'au grand mât de « *la Pinta* » et de « *la
Nina* » flottait seulement la bannière de l'Expédition
marquée d'une croix verte, entre les initiales royales
surmontées d'une couronne.

« — Alors Colomb, saluant avec sérénité la foule
pressée sur le rivage, puis envoyant de la main un dernier adieu à son ami... tout pénétré du caractère de
son Entreprise, dominant de sa voix les bruits confus

des trois équipages, commanda au Nom de Jésus-Christ
de déployer les voiles.

« Puis il entra dans sa cabine... prit la plume et
commença son journal du bord, également *au Nom de
Notre Seigneur Jésus-Christ* : In Nomine Domini
Nostri Jesu-Christi, etc. Ce prologue, que nous pos-
sédons en entier, atteste que cette expédition fut, avant
tout, un grand acte de foi catholique. » (1)

— Un gouvernail disloqué à dessein par le proprié-
taire du navire, effrayé de ce voyage, força de faire
relâche aux îles Canaries. Des navires Portugais, en
chasse pour entraver l'expédition, (de par l'ordre de
Joam II, furieux de ne pas l'avoir organisée), furent
sur le point d'arrêter les trois caravelles, mais Dieu
veillait et une brise succédant à un calme plat permit
à la flotille d'échapper au danger.

« Dès le début de cette étonnante navigation, nous
constatons par les propres paroles d'un écrivain pro-
testant, (Washington Irving) le premier secours que
reçut de la Providence Son Messager Christophe
Colomb. Si les lois ordinaires de la Nature ne furent
jamais interverties en sa faveur, toutefois les coïnci-
dences les plus heureuses arrivèrent toujours à son aide
avec un à-propos tellement miraculeux qu'elles dis-
pensaient de miracles. » (2)

Lorsque l'on dépassa les limites connues, l'équipage
tomba dans la consternation ; Colomb sut le réconforter un peu, mais dès lors, par une prudence vite jus-
tifiée par les événements, il garda pour lui seul les
vraies distances parcourues. La déviation de la bous-
sole, constatée par lui le premier en s'avançant vers
l'ouest, n'eut pas le pouvoir de faire chanceler sa résolution et d'ébranler sa sainte confiance. C'était cependant la première fois que se faisait une constatation

(1) Roselly de Lorgues, édition populaire, page 117.
(2) Roselly de Lorgues, édition populaire, page 119.

pareille et les officiers, s'en apercevant à leur tour, éprouvèrent une terreur que le grand homme parvint à calmer par une explication scientifique lumineuse.

Les influences tropicales se faisaient déjà sentir. Les merveilles de ces parages ravissaient le pieux Messager du Verbe, sans parvenir à calmer les appréhensions de plus en plus vives des marins.

Il était pourtant digne d'admiration de voir, tantôt un bolide éclatant traverser les airs, vrai feu d'artifice de la nature ; tantôt des poissons de mille espèces se jouer dans les eaux, tandis que la nuit amenait parfois les splendeurs incomparables de la phosphorescence qui changeait les vagues folâtres en pluie de diamants. La mer semblait rayonner pour fêter, elle aussi, la radieuse Vierge Immaculée, car « chaque soir des chants à la gloire de Marie, l'Etoile de la mer, étaient jetés aux vents de l'Atlantique. Sous les auspices du Verbe, Son fervent contemplateur prenait au nom de la Foi, possession de l'immensité. » (1) En célébrant les louanges de la Mère de son Dieu, Colomb allait droit au Cœur de Jésus et assurait ainsi le triomphe de sa mission prodigieuse. Son calme inébranlable en s'avançant sur les gouffres de *la Mer Ténébreuse* était plus et mieux que ce que les hommes appellent « courage » ; c'était la fermeté de la Foi à sa plus haute expression, car la Foi n'est autre que l'amour humble et confiant. Colomb savait que ce voyage « entrepris au Nom de la très sainte Trinité tournerait à Sa gloire et à l'honneur de la Religion chrétienne. » (2) Comptant ses peines et ses fatigues pour rien, il surveillait nuit et jour la direction des navires, observant la mer, l'air et les astres ; son seul délassement était la récitation de l'Office franciscain.

(1) Roselly de Lorgues, édition populaire, page 127.
(2) Roselly de Lorgues, édition populaire, page 129.

§ Ier

A persistance du grand homme à suivre sa route, de préférence à celle que lui désignaient les officiers, ajouta l'irritation au mécontentement effrayé des équipages. Une véritable mer d'herbes dont l'étendue occupe (on l'a constaté depuis) une superficie « sept fois égale à la France » (1) augmenta les appréhensions des marins. En outre, la persistance avec laquelle les vents favorisaient ce voyage inouï ajoutait à leurs craintes celle de ne pouvoir revenir dans leur Patrie. Une brise opposée vint démentir cette fausse idée. La

(1) Roselly de Lorgues, édition populaire, page 132.

pieuse reconnaissance de Colomb en rendit grâce au Seigneur.

— L'apaisement dura peu : les esprits redevinrent sombres et agités. Parties le 3 août de Palos, les caravelles n'étaient pas encore parvenues à leur but et l'on touchait à la fin de septembre... une fausse alerte, le 24, changea la joie d'une Découverte en découragement amer. « Les murmures prirent un caractère de haine. » (1) — Encouragés par l'attitude de leurs officiers devenus hostiles à Colomb comme leurs hommes, les marins complotèrent... Il ne s'agissait de rien moins que de jeter à la mer ce chef impassible et obstiné dans une résolution, fatale selon eux.

« Leur épouvante fit explosion. Ils refusèrent d'aller plus loin et se mirent en pleine révolte.

» Ici, le commandant se vit dans le plus violent danger qu'ait jamais couru sur son bord chef d'escadre. » (2)

La modestie et la bonté généreuse de Colomb ont tû les détails de cette terrible sédition. « C'est par les révoltés eux-mêmes qu'on a su leur révolte. » (3)

Entouré d'officiers furieux et de matelots délirant de peur et de colère, Colomb se vit sommé de revenir sur ses pas. « Non seulement il ne céda ni à leurs injonctions ni à leurs menaces, mais il osa même leur interdire les protestations et les prières... leur déclarant d'un ton d'autorité... qu'il entendait poursuivre son voyage jusqu'à ce qu'il trouvât les Indes, par l'assistance de Notre Seigneur. » (4)

Et armé de la force d'En-Haut, le Messager du Verbe triompha de ces fous furieux, car, déclara-t-il : « Ce Dieu éternel lui avait donné la force et la magnanimité dont il avait besoin et l'avait soutenu seul contre tous.

(1) Roselly de Lorgues, édition populaire, page 139.
(2) Roselly de Lorgues, édition populaire, page 143.
(3) Roselly de Lorgues, édition populaire, page 143.
(4) Roselly de Lorgues, édition populaire, page 145.

» Cette révolte déchaînée sous les voiles de la nuit, fut dissipée avant ses ombres. » (1)

Le lendemain, l'on constata des signes consolants de la proximité de la terre. Le soir venu, Colomb rassembla ses hommes et dans une allocution où s'épancha son cœur admirable « il leur annonça l'approche de la terre, bien que leurs yeux ne puissent la découvrir, » (2) et cela cette nuit-là même, les exhortant à veiller et surtout à prier.

Puis il alla dans sa cabine. « Quelle ne dut pas être l'effusion de sa prière ! Avec quelle tendre effusion ne remercia-t-il pas Sa Haute Majesté (c'est ainsi qu'il désignait le Seigneur) de Sa protection constante !

» Qui dira les tressaillements de ce cœur héroïque et dépeindra les ineffables émotions du Messager de la Providence à cette heure décisive ! »(3)

« Qu'il était grand, prosterné devant son Crucifix, le Vainqueur de *la Mer Ténébreuse* ! recevant dans son humilité la révélation de son glorieux mandat, en comprenant l'immensité sublime et remerciant Dieu de tant de faveurs reçues depuis son départ. Son aimante reconnaissance se tournait vers le Rédempteur Qui, suivant son expression : « lui avait disposé la route. » Combien son désir de racheter le saint Tombeau n'en devenait-il pas plus ardent. » (4)

Une lueur... elle apparaît vers dix heures aux yeux de Colomb tout ému. Pedro Guttierez la constata également. Le saint génie était fixé... c'était la terre !

» Sur chaque bord, l'attente était unanime et l'impatience extrême » (5). « *La Pinta* », qui devançait les autres caravelles, tira un coup de canon à deux heures du matin. Juan Rodriguez Bermujo, un de ses matelots, avait aperçu le sol mystérieux déjà révélé à Co-

(1) Roselly de Lorgues, édition populaire, page 145.
(2) Roselly de Lorgues, édition populaire, page 147.
(3) Roselly de Lorgues, édition populaire, page 147.
(4) Roselly de Lorgues, édition populaire, page 148.
(5) Roselly de Lorgues, édition populaire, page 149.

3

lomb. « Au bruit de la détonation, Christophe Colomb,
se jetant à genoux et levant au Ciel ses deux mains,
tandis que des larmes de reconnaissance inondaient
ses joues, entonna le *Te Deum laudamus*, et tous les
équipages, transportés de joie, répondirent à la voix de
leur chef. » (1)

Des ordres pleins de prudence et de sagesse suc-
cédèrent à ce saint transport. On préparait vaillam-
ment les armes et joyeusement la grande tenue. « Tout
l'équipage de « *la Santa Maria* » se présenta devant le
commandant pour lui offrir ses respects et rendre hommage à son génie. » (2)

Le vendredi 12 octobre 1492, on vit, se dégageant
d'une brume qui l'enveloppait coquettement d'une
écharpe de vapeurs, une terre ravissante ornée d'une
de ces végétations vigoureuses inconnues à l'Europe.

Le saint Navigateur, revêtu du riche costume
auquel son rang lui donnait droit, tenant le saint Etendard largement déployé, se rendit à terre, accompagné des officiers en grande tenue et des capitaines portant chacun leur bannière.

« Le Messager du Verbe s'élança sur le rivage avec
l'élastique ardeur de la jeunesse. Le bonheur ravivait
ses forces... A terre, il planta significativement l'étendard de la Croix... Ne pouvant contenir sa reconnaissance, il se prosterna en adoration devant l'Auteur
suprême de la Découverte. Par trois fois, inclinant
son front, il baisa, en l'arrosant de larmes, ce sol
inconnu où l'avait conduit la divine Bonté. » (3) Ses
hommes, gagnés par cette effusion sublime, « s'age-
nouillèrent aussi tenant en l'air un crucifix. » (4) Alors
jaillit du cœur de ce génie-apôtre une prière trémis-
sante dont l'histoire a recueilli les premiers accents :

« Seigneur Dieu éternel et tout-puissant Qui, par

(1) Roselly de Lorgues, édition populaire, page 149.
(2) Roselly de Lorgues, édition populaire, page 150.
(3) Roselly de Lorgues, édition populaire, page 152.
(4) Roselly de Lorgues, édition populaire, page 152.

Ton Verbe sacré, as créé le firmament et la terre et la mer! Que Ton Nom soit béni et glorifié partout. Qu'Elle soit exaltée, Ta Majesté Qui a daigné permettre que, par Ton humble serviteur, Ton Nom sacré soit connu et prêché dans cet autre partie du monde!... »

Il eut des expressions ravissantes pour remercier son Jésus, pour exalter son Dieu!... « Puis se redressant avec dignité et déployant dans toute sa largeur l'Etendard de la croix, il offrit à Jésus-Christ les prémices de sa Découverte. » (1) Pour glorifier le Dieu Qui la lui avait montrée après l'avoir sans cesse préservé, il imposa à cette île le nom de « *Saint-Sauveur* » (San-Salvador).

Ensuite, l'épée en main, « il déclara prendre possession de cette terre au Nom de notre Seigneur Jésus-Christ pour la couronne de Castille. » (2) Sur son ordre, le notaire royal en dressa l'acte.

« Immédiatement les assistants, pleins d'admiration et d'enthousiasme, reconnurent Colomb pour Amiral de l'Océan et Vice-roi des Indes. » (3) Au serment d'obéissance, plusieurs ajoutèrent des excuses pour leur conduite, lui demandant de leur pardonner un égarement causé par la peur et lui affirmèrent leur dévouement ainsi que leur soumission.

Une grande Croix fut dressée par ordre de Colomb sur le rivage. Pour la première fois depuis la création, le Labarum de la douleur triomphante étincelait dans ces régions aussi sauvages que merveilleuses, tendant vers Ses nouveaux sujets Ses bras à jamais ouverts pour pardonner à qui se repent, consoler celui qui pleure et sanctifier celui qui prie.

...Et cette merveille de l'amour miséricordieux était opérée par celui qu'on a osé, profanation et ingratitude!... traiter d'aventurier!...

(1) Roselly de Lorgues, édition populaire, page 153.
(2) Roselly de Lorgues, édition populaire, page 153.
(3) Roselly de Lorgues, édition populaire, page 154.

Les naïfs et sauvages habitants de l'île, curieux autant que craintifs, se décidèrent alors à quitter les cachettes où ils s'étaient réfugiés en voyant apparaître ces masses flottantes peuplées d'êtres barbus, chose inouïe pour eux à qui la nature a donné un visage imberbe. Ils s'approchèrent tout tremblants, se prosternèrent devant ces êtres bizarres, puis osèrent les

palper... « A l'exemple de l'Amiral, les Espagnols accueillirent avec une bonté souriante ces naïfs enfants des îles et se prêtèrent complaisamment à leur examen. » (1)

Les Indiens traitaient avec un respect profond ceux qu'ils appelaient avec candeur : « Les hommes des-

(1) Roselly de Lorgues, édition populaire, page 155.

cendus du Ciel. » Ils offraient aux Espagnols tout ce
qu'ils possédaient, recevant avec bonheur, en échange,
la moindre bagatelle. Sept d'entre eux furent emmenés
par l'Amiral afin de les présenter aux Rois et de les
rendre chrétiens avant de les ramener à leur Patrie.

A partir de ce beau jour, le Vice-roi des Indes reconnut être dans des parages si riches en îles que « l'œil
ne pouvait les compter. Les naturels gardés à bord en
nommèrent plus de cent. » (1) La plus grande fut
appelée par le Messager du Verbe « *Sainte-Marie de
la Conception* ». Les habitants s'y montrèrent aussi
charmés et aussi respectueux que ceux de la première île. Puis on prit possession de « *la Fernan-
dine.* » Partout la magnificence tropicale étalait aux
yeux éblouis ses incomparables beautés. Colomb, ce
contemplateur passionné des œuvres du Verbe, en était
enivré! La brise le caressait des parfums que lui
envoyaient les mille espèces d'arbres enrichissant ces
parages privilégiés. Le ciel resplendissant paraissait
réfléter sa joie ravissante et l'océan superbe, chargé
de ces îles qui luttaient de beauté, semblait les avoir
rassemblées en bouquet pour les offrir toutes à la fois
à l'Ambassadeur de Dieu.

Une de ces merveilles fut appelée du doux nom
d' « *Isabelle* ». L'admiration redoubla en approchant
de celle que Colomb nomma « *Juana* ». La prodi-
galité des richesses végétales y arrivait à l'invrai-
semblable. « Au milieu de cette étourdissante profusion, lui-même, le Contemplateur du Verbe, trop ému
d'admiration pour tenter aucun détail, ne sachant plus
comment s'exprimer, gardait le silence de l'accablement et se bornait à dire *qu'il ne vit jamais rien de
plus magnifique...* Cuba, la perle des mers, justifie
en effet son titre de reine que lui décernent les Antil-
les. » (2)

(1) Roselly de Lorgues, édition populaire, page 157.
(2) Roselly de Lorgues, édition populaire, page 169.

BSERVATEUR autant qu'enthousiaste l'Amiral remarquait et notait tout. Dans une de ces îles, si vaste que Colomb la prit pour un continent et crut avoir trouvé les Indes, il aperçut sur le bord, par une délicate attention de la Providence, « couchés sur une élévation de terrain deux très grands madriers, l'un plus grand que l'autre, et le plus petit posé sur le plus grand en forme de Croix, si bien qu'un charpentier n'aurait pu trouver une proportion plus exacte. » (1)

Colomb remercia à genoux son divin Maître de cette faveur nouvelle et fit planter en terre cette Croix préparée par les Anges.

Pourquoi faut-il constater alors la triste et honteuse désertion de Martin Alonzo Pinzon, envieux, jaloux et

(1) Roselly de Lorgues, édition populaire, page 174.

orgueilleux, dont l'ambition rêvait de supplanter l'Ambassadeur de Dieu! Plus que ses frères, il s'était montré dur et arrogant pour le Messager du Verbe et il s'éloigna alors furtivement des autres navires, dans le but de recueillir pour son compte personnel gloire et richesse, au mépris des droits sacrés du Vice-roi des Indes.

Les beautés de plus en plus ravissantes de l'île de Cuba consolèrent l'âme aimante du saint Navigateur. Vint un moment où « stupéfait de cette inénarrable splendeur, presque épouvanté d'une telle magnificence, haletant d'admiration, il se désolait de n'en pouvoir exprimer la millième partie. Il écrivait aux Rois qu'un instant il crut n'avoir jamais la force de s'arracher d'un lieu si enchanteur. Trois jours durant, il demeura cloué d'admiration à *Port-Saint*. » (1) C'est ainsi qu'il appela la merveille qui le transportait.

Partout sur son passage, il érigeait des Croix, souvenirs touchants et augustes de sa foi comme de son amour de Dieu.

La perspicacité intelligente de Colomb découvrit promptememt le côté sombre de ces contrées merveilleuses. Des antropophages (mangeurs d'hommes) désolaient ces beaux parages. La grande âme du Vice-roi des Indes se réjouit de penser que la Religion saurait vite détruire ces monstruosités.

« *Saint-Nicolas* » fut découverte, puis ce fut le tour de celle que Colomb appela « *Ile Espagnole* » (Isla Espanola). D'abord intimidés, les naturels se laissèrent séduire par l'aimable générosité de Colomb à leur égard et l'un de leurs Rois, appelés par eux « *Caciques* », vint rendre visite à l'Amiral sur son bord. Il avait des manières charmantes, offrit et reçut de beaux cadeaux. D'autres Caciques firent prier Colomb de venir les voir. Le grand Roi Guacanagari fit à son

---

(1) Roselly de Lorgues, édition populaire, page 184.

tour des avances gracieusement accueillies. Il fut vraiment providentiel pour Colomb d'être entré en relations cordiales avec ce dernier prince car, par suite des fatigues incessantes subies par les marins, une torpeur générale pleine d'accablement fit négliger une nuit la surveillance nécessaire et la « *Santa Maria* », poussée vers un banc de sable, s'y échoua subitement. Dieu permit que ce fût d'une façon telle que peu d'heures suffirent à opérer le sauvetage organisé par Colomb et favorisé par Guacanagari, dont les sujets furent mis à la disposition de l'Amiral. « Telle fut la surveillance du Cacique et telle était l'honnêteté de ses sujets que dans le transport de la cargaison, des munitions et des agrès, il ne fut pas dérobé un bout d'aiguille. » (1)

Les marins naufragés demandant à rester dans l'île pour la coloniser, le saint Navigateur reconnut dans cet événement le doigt de Dieu et fit rapidement élever un fortin (petit fort) qu'il munit d'armes, de provisions, d'outils et de marchandises d'échange, en vue du commerce avec les Indiens ; il donna à ceux qui désiraient rester les instructions les plus sages, les plus pieuses et les plus précises et mit à leur tête un cousin de Dona Béatrix, Diego de Arana, digne sous tous les rapports de ce poste de confiance. Puis ayant fait amicalement ses adieux à Guacanagari, qui versait des larmes en voyant s'éloigner cet homme de la Providence, vite chéri par sa loyauté candide, il monta à bord de « *la Nina* » pour retourner en Espagne. Deux jours après ce départ, les vents inexorable forcèrent « *la Pinta* » de rejoindre la caravelle qui portait Colomb. Le capitaine déserteur fut donc contraint d'aborder le navire amiral et entassa mensonges sur mensonges pour justifier sa trahison. Le Vice-roi des Indes se contint : « Ne voulant point, dit Las-Casas,

(1) Roselly de Lorgues, édition populaire, page 202.

donner lieu aux tentatives de Satan qui cherchait à empêcher ce voyage, ainsi qu'il avait fait dans le commencement, » et poussant ainsi l'abnégation de lui-même au dernier degré du sublime.

Le retour fut bon dans les commencements; mais

après un mois de route, une tempête, d'une violence et d'une durée inouïes assaillit les caravelles. « *La Nina* » fut emportée loin de sa compagne et dans ces jours d'affreuses angoisses, un triple vœu attesta la foi de Colomb et de ses marins. La Vierge récompensa les âmes qui l'invoquaient en faisant aborder le navire à Sainte-Marie-des-Açores, contre toute espérance, à la grande surprise des habitants de cette île, confondus de voir sauvé d'une telle tourmente un bâtiment si petit et si avarié. Leur stupéfaction redoubla lorsqu'ils surent d'où il arrivait! Le gouverneur Portugais tenta traîtreusement de s'emparer de Colomb pour le charger de fers, puis il essaya de faire échouer la caravelle. « La prudence de l'Amiral le préserva du naufrage. » (1)

Un quatrième vœu fut fait alors par les infortunés marins et leur saint Commandant, car la tempête redevenait effroyable et , sur les rivages européens, ce n'était qu'un long cri de douleur devant les sinistres qui s'étaient succédés tout l'hiver.

La Main toute-puissante Qui avait guidé Colomb sur « *la Mer Ténébreuse* » était toujours étendue sur cette caravelle désemparée, que dirigeait la patience pleine de foi du Messager du Christ. Les vagues rugissantes eurent ordre de l'épargner et ce fut par un vrai miracle que « *la Nina* » put entrer dans le Tage, chose d'autant plus admirable que, « la côte du Portugal, d'un abord toujours difficile par une grosse mer, est horriblement dangereuse par la tempête. » (2) La piété compatissante des habitants de Cascaës leur inspira des prières suppliantes pour les marins en détresse et furent, certes, une aide puissante pour l'Ambassadeur de Dieu et son équipage dans l'angoisse.

Oui, Colomb avait vaincu l'élément destructeur, mais le dernier effort de la méchanceté satanique avait été de le forcer à se mettre à la merci de Joam II, si irrité de n'avoir pu faire faire, en son nom, cette expédition prodigieuse !

Hâtons-nous de dire que, prince vraiment chrétien, le Roi de Portugal était trop noble de cœur pour ne pas mettre de côté tout sentiment personnel devant ce

(1) Roselly de Lorgues, édition populaire, page 216.
(2) Roselly de Lorgues, édition populaire, page 217.

génie sublime ayant réalisé un projet qui transformait la face du monde. Il accueillit le naufragé en Souverain, le combla d'honneurs, de largesses et repoussa avec horreur la proposition infâme qui lui fut faite d'assassiner le Vice-roi des Indes, dans la folle espérance d'anéantir avec lui les résultats merveilleux de sa prodigieuse Découverte. A son éternelle gloire, Joam II sut protéger Colomb contre les haines jalouses et féroces et lui donna pour cortège d'adieu les plus grands seigneurs de sa cour. L'Amiral partit donc pour la Castille et la bonté délicate de la Providence tint a le faire aborder à l'endroit même d'où il était parti.

Le pauvre petit Palos, longtemps plein d'angoisses, était dans la douleur, persuadé que la flottille n'avait pu échapper à tant de périls... Quelle ne fut pas la stupeur générale, lorsque l'on aperçut l'Etendard arboré sur « la Nina » ; ce signe de Salut, signe de la victoire !

Des cris de joie, des pleurs d'allégresse saluèrent la caravelle... On voulait entourer les marins, les fêter, car l'équipage était de Palos, mais l'Amiral exigea de tous l'accomplissement du premier des quatre vœux faits dans la tourmente, et l'émotion fut à son comble en voyant ces glorieux naufragés « nu-pieds et en chemise, depuis le mousse jusqu'à l'amiral, venant rendre grâces à Marie, l'Etoile de la mer, de les avoir sauvés... La foule s'associait de cœur à leurs prières et à leur gratitude. » (1) La Vierge Qui les avait bénis a leur départ les bénissait à leur retour dans le même sanctuaire où ils s'étaient recommandés à Ses bontés maternelles, afin de donner au Père Juan Perez la digne récompense de tant de travaux accomplis pour assurer l'execution de cette Expédition sans pareille.

(1) Roselly de Lorgues, édition populaire, page 226.

§ III

u milieu de cette allégresse indescriptible, l'on vit arriver une autre caravelle... C'était « *la Pinta* ». Fidèle à ses passions néfastes, Martin Alonzo Pinzon, une fois éloigné de « *la Nina* » avait cru être le seul à revenir dans sa patrie et il avait osé, du golfe de Biscaye « adresser aux Rois une relation de la découverte qu'il s'attribuait et demandait l'autorisation d'aller à la cour lui rendre compte de l'Expédition. » (1) La vue du pavillon amiral au port de Palos foudroya le coupable. Pour éviter une punition sévère et méritée de son chef, « il s'esquiva honteusement la rage au cœur. » (2) Disons tout de suite que la réponse venue de la cour flétrit sa conduite et anéantit de coupables espérances.

(1) Roselly de Lorgues, édition populaire, page 225.
(2) Roselly de Lorgues, édition populaire, page 225.

La fièvre emporta obscurément ce précurseur d'Amerigo Vespucci. La seule chose qui doive étonner, c'est que les ennemis de Colomb n'aient pas eu l'idée d'illustrer ce découvreur plagiaire en donnant son nom... harmonieux à l'une des contrées du Nouveau-Continent. « *La Pinzonique* » eût été le digne pendant de « *l'Amérique*, » qu'on eût dû appeler « *la Vespucerie* » !

Le saint Vice-roi des Indes, rentré avec bonheur dans sa cellule de la Rabida, tandis que ses hommes se reposaient joyeusement dans leurs foyers, écrivit de là aux Souverains une seconde dépêche, la première leur ayant été expédiée de Portugal. Il leur conseillait « de faire hommage au Saint-Siège des terres récemment découvertes et d'appeler sa bénédiction sur cette entreprise, par une bulle qui protègerait ses conquêtes. » (1) Afin d'éviter plus tard toute guerre au sujet de ces conquêtes, il eut l'inspiration véritablement divine de proposer une ligne de démarcation qu'eût approuvée le Saint-Père ; ligne destinée à laisser, dans l'ouest, aux Castillans, « un espace égal à celui qu'auraient les Portugais dans l'est. » (2) Si les défiances humaines, personnifiées dans le déplorable Roi Ferdinand, n'eussent mis des entraves à une proposition qui était hautement approuvée par le Saint-Siège, les Espagnols eussent gardé d'immenses espaces qu'une combinaison autre donna aux Portugais.

Deux des quatre vœux faits pendant la tempête devaient être accomplis par Colomb seul, le sort ayant indiqué ainsi la préférence mystérieuse du Ciel. Il s'en acquitta pieusement avant de partir pour Séville y attendre les ordres Royaux. Une dépêche lui arriva là avec cette suscription significative :

« A Don Christophe Colomb, Notre amiral de la

(1) Roselly de Lorgues, édition populaire, page 227.
(2) Roselly de Lorgues, édition populaire, page 227.

mer Océane, Vice-roi et Gouverneur des Iles découvertes dans les Indes. »

Les Rois appelaient à Barçelonne l'Ambassadeur de
Dieu, le félicitaient de son heureux voyage et l'enga-
geaient à organiser à Séville « une nouvelle Expédition sur des proportions plus dignes. » (1)

Ce fut entouré de son état-major, précédé de ses

marins, chargés des curiosités d'outre-mer, et accompagné des sept Indiens, que le Vice-roi des Indes,
monté sur un cheval « qu'il maniait avec aisance » (2)
fit la route qui le séparait de Barcelonne. Ce trajet fut
une succession d'ovations inouïes.

Un enthousiasme indescriptible faisait étinceler

(1) Roselly de Lorgues, édition populaire, page 290.
(2) Roselly de Lorgues, édition populaire, page 233.

tous les yeux et battre tous les cœurs. La foule tumultueuse acclamait incessamment le Vainqueur de « *la
Mer Ténébreuse* », malgré les efforts des écuyers de
l'Amiral qui se voyaient débordés par les flots du peuple transporté. Les naïfs Indiens, effarouchés de ces
manifestations ardentes, regardaient parfois leur saint
ami dont le bon sourire les rassurait vite. Une récep-
tion exceptionnelle avait été préparée par ordre des
Rois et l'on vit, pour la première fois, une place
d'honneur réservée à côté du trône pour celui qui
venait, de par Dieu, de doubler l'espace de la
terre.

Si les routes ressemblaient à des fourmilières en
rumeur, Barcelonne, elle, était devenue brillante
comme un joyau au sein duquel allaient briller deux
éclairs : Isabelle, la perle des Reines, et Colomb, le dia-
mant de Dieu. Enveloppée de tentures splendides,
constellée de fleurs parfumées et de femmes au radieux
sourire, la ville accueillait, le 15 avril 1493, par un
frémissement profond, l'arrivée du Découvreur du Nouveau-Monde.

Précédé du saint Etendard triomphant, Colomb se
présenta devant les Rois et voulut, toujours humble,
plier le genou pour leur baiser la main conformément
aux lois de l'étiquette, mais les Souverains ne le souf-
frirent pas. En le voyant, ils s'étaient levés et avaient
fait un mouvement vers lui, en lui tendant gracieusement les mains. « Confusionnée de la si grande modestie d'un tel homme, » (1) la Reine ne voulut s'as-
seoir qu'après que lui, Colomb, se fût assis et se fût
couvert commé un grand d'Espagne.

Ce fut alors que l'Ambassadeur de Dieu fit aux Souverains le récit de sa merveilleuse expédition. Avec
une lucidité pleine de génie, il mit en relief tout ce
qui avait été découvert et remarqué par lui au-delà des

(1) Roselly de Lorgues, édition populaire, page 236.

mers, montrant à l'appui les divers produits rapportés avec tant de peines et tant d'angoisses... Puis, par un mouvement de sainte éloquence, il désigna à tous les Indiens, pour les âmes ignorantes desquelles la sienne brûlait d'un dévouement apostolique. L'effet de cette apostrophe sublime fut foudroyant! Souverains, soldats, peuple et seigneurs, tous tombèrent à genoux, le cœur bouleversé par une de ces émotions qui font époque dans la vie des nations, et il y eut là une effusion incomparable qui unit étroitement le Ciel à la terre; échappée du paradis dont ceux-là seuls qui en ont savouré de semblable peuvent se faire une idée.

Ici se termine le noble et saint bonheur du Messager du Verbe. Dans son calice profond, après cette gorgée de gloire rayonnante ne se trouve plus que lie, larmes et sang du cœur. Après le Thabor, la Passion. Après les Rameaux, le Calvaire. Celui du saint génie dura de longues, longues années! Nous allons l'y suivre fidèlement et respectueusement.

ONSECA ! nom sinistre d'une haine implacable servant celle de Ferdinand afin de faire constamment échec au génie de Colomb dont l'un et l'autre étaient ardemment jaloux. A partir du moment où Juan de Fonseca, cet évêque courtisan, imposé par le Roi à la Reine, fut chargé des affaires de la marine, les obstacles surgissent pour entraver les travaux du Vice-roi des Indes dans la colonisation. Les fraudes de toutes espèces sont favorisées par Fonseca et les créatures servant sous ses ordres, sauf l'estimable François Pinelo.

— Une interprétation abusive, sacrilège, de Ferdinand au sujet de la nomination faite par le Pape, du Vicaire apostolique des Indes, substitua à un religieux des plus éminents un homme de nom semblable qui, lui, était dans des sentiments de nature à favoriser les projets cauteleux et hostiles de Ferdinand. Certes le Saint-Siège dont la joie avait été profonde, immense,

4

à l'annonce du succès de Colomb dans la Découverte, voulait favoriser et non entraver le Vice-roi des Indes. Ce dernier eut le bonheur d'obtenir de son père comme aide et soutien dans ses nouvelles dignités son jeune frère Jacques qui, devenu Don Diego, se montra par son intelligence, son zèle et sa capacité, à la hauteur des fonctions dont il fut investi.

— Dès avant le départ de la flotille pour la seconde Expédition, le mauvais vouloir des bureaux de la marine fut manifeste. On favorisait les mauvaises fournitures et l'on se mit en hostilité ouverte avec l'Amiral, au point de nécessiter l'intervention de la Reine. Isabelle, par une de ces délicatesses du cœur qui la faisaient si justement chérir de tous, avait désigné le Père de Marchena comme devant accompagner le Vice-roi à titre d'astronome.

Ce saint Franciscain « se trouve ainsi le premier prêtre, le premier Religieux qui ait foulé le sol nouveau et joui du bonheur d'y adorer la Croix, » (1) puisqu'en sa qualité de savant, il avait le privilège d'être de l'Etat-Major et de débarquer avec l'Amiral.

Pour cette seconde Expédition, quatorze caravelles accompagnaient trois grandes caraques dont la plus grande « *la gracieuse Marie* » portait pavillon amiral. Ces navires contenaient les éléments d'une colonisation en graines, plants, céréales, légumes, etc. Ils emportaient également un millier de colons et durent refuser force demandes pour aller dans le Nouveau-Monde, la fièvre de l'or tournant toutes les têtes et allumant toutes les imaginations. Plusieurs centaines de ces enragés s'embarquèrent furtivement, cachés parmi les ballots, à fond de cale.

— On partit le 25 septembre ; en route, Colomb prit à la Gomera quelques animaux pour les acclimater à « *l'Espagnole* », notamment des pourceaux d'où

(1) Roselly de Lorgues, édition populaire, page 247.

sont provenus tous ceux qui ont peuplé le Nouveau-
Continent. Le trajet fut bon et rapide. « L'Amiral avait
placé son second voyage sous la protection de Marie,
et l'Etoile de la Mer semblait, agréant cet hommage,
favoriser sa navigation. » (1)

Une île que l'Amiral appela « *Dominique* » fut
aperçue le 3 novembre ; une autre terre, non loin, fut
baptisée par lui « *la gracieuse Marie* ». Il en prit solennellement possession, ayant à ses côtés son saint
ami. Le Père de Marchena « fut ainsi le premier ministre de Jésus-Christ qui foula le sol du Nouveau-Monde
et y planta la Croix, » (2) le Père Boïl, vicaire apostolique et ses Religieux étant à bord d'autres bâtiments
restés au large.

« Puis l'Amiral, portant sur la plus grande île de ce
groupe, lui imposa le nom de « *Guadeloupe* », en
souvenir de Notre-Dame de Guadeloupe, en Espagne.
Il se trouvait dans la principale des îles Caraïbes ;
avec une précision qui tenait du prodige, il était
arrivé en droite ligne au centre de la principauté des
Cannibales. » (3)

— On y trouva des captives et un prisonnier de
14 ans ; dans une hutte, Colomb et son Etat-Major
aperçurent « le cou d'un homme cuisant dans une sorte
de marmite... en d'autres demeures, plusieurs têtes
humaines et quantités de membres humains suspendus
comme approvisionnements. » (4)

Ils surent par des captives que les cannibales allaient
jusqu'à plus de cent lieues pour chercher leur horrible nourriture ; ils étaient presque tous partis avec
leurs chefs pour trouver de nouvelles victimes. Ils ne
mangeaient que les hommes, engraissant les enfants

(1) Roselly de Lorgues, édition populaire, page 251.
(2) Roselly de Lorgues, édition populaire, page 252.
(3) Roselly de Lorgues, édition populaire, page 252.
(4) Roselly de Lorgues, édition populaire, page 253.

jusqu'à l'âge favorable pour les immoler. Les femmes leur servaient d'esclaves. .

Plus de vingt captives furent délivrées par Colomb qui les emmena pour les rapatrier, ainsi que trois jeunes enfants. D'autres infortunées vinrent ensuite implorer également leur délivrance. L'Amiral les fit parer de grelots et verroteries, espérant attirer les insulaires, mais elle revinrent en gémissant, dépouillées de leurs parures par leurs tyrans féroces et suppliant qu'on les emmenât aussi.

— L'île de « *Monserrat* » fut ensuite découverte et ainsi nommée en l'honneur de la Vierge. Hélas! la population en avait disparu, de par la cruauté Caraïbe! « Colomb, la contemplant avec tristesse, passa sans s'y arrêter. » (1)

Tour-à-tour le saint Navigateur baptisa « *Sainte Marie de la Rotonde* »; « *Sainte Marie l'Ancienne* » (*Antigoa* par abréviation); « *Sainte Ursule* » et le groupe désigné sous le nom des « *Onze mille Vierges* » puis l'île « *Saint Jean-Baptiste* ». « Dans son rôle d'explorateur de la création, le Vainqueur de « *la Mer Ténébreuse* » n'oubliait jamais sa mission d'Apôtre. » (2)

Colomb se dirigea alors vers « *l'Espagnole* », plein de sollicitude pour cette première petite colonie de quarante marins restés dans le Nouveau-Monde. « Sa route était aussi directe que sur un chemin frayé et tracé », dit avec admiration le docteur Chanca, médecin en chef de la flotte.

Le vendredi 22 novembre, on atterrit dans le golfe de Sanama. La vue de corps humains putréfiés et divers indices lugubres préparèrent les esprits à la découverte d'une catastrophe; on en constata bientôt avec désolation la réalité.

(1) Roselly de Lorgues, édition populaire, page 255.
(2) Roselly de Lorgues, édition populaire, page 255.

Méconnaissant l'autorité de leur chef, Diego de
Arana, la plupart des colons s'étaient dispersés, vi-
vant dans la rapine et le désordre, ce qui faisait mau-
dire par les Indiens persécutés le nom d'Espagnol. La
haine du Cacique *Caonabo* sut les surprendre et les
détruire en détail. Le brave Diego de Arana et les

quelques marins restés fidèles furent massacrés pendant leur sommeil et le fortin détruit. Guacanagari,
l'ami dévoué du Vice-roi des Indes, avait inutilement
essayé de s'opposer à Caonabo qui l'avait blessé de
sa main et dont les troupes avaient vaincu les siennes.
Colomb apprit tout cela de sa bouche aussi bien

que par les Indiens qui venaient à lui de tous côtés. Le Père Boïl, défiant et sévère, eût voulu faire exécuter le Cacique allié qu'il croyait de connivence avec Caonabo, mais l'Amiral se refusa à sacrifier un innocent au despotisme aveugle du Religieux, favori de Ferdinand ; le Vicaire apostolique en conçut une irritation pleine de rancune qui se traduisit par une opposition aveugle et acharnée.

ALGRÉ les tristesses de l'arrivée, l'activité de Colomb fit choix d'un emplacement favorable pour l'établissement d'une ville afin d'y établir les colons, qui étaient las d'être à bord. Parmi eux se trouvaient malheureusement des hidalgos dont l'orgueil se refusait à tout travail manuel. Le Vice-roi des Indes dût faire usage de son autorité et même user de rigueur afin de les contraindre à se plier aux nécessités de leur vie nouvelle. De là, une haine sauvage contre le saint génie, haine qui fut féconde en malheurs pour la colonie comme pour lui.

— Ce fut au nom de la très sainte Trinité que se posa la première pierre d'une cité appelée par Colomb du nom de la Souveraine bien-aimée : « *Isabelle* ».

Une excursion dans l'intérieur du pays lui en fit constater la beauté ainsi que les richesses. Il fit élever, non loin d'une plaine magnifique qu'il appela : « l'*Immaculée Conception*, » un fort du nom de « *Saint Thomas* » et y mit comme commandant Pedro Margarit qu'il croyait digne de ses bienfaits, mais dont la conduite démentit lamentablement ses espérances.

« La fécondité du sol semblait incroyable. Les légumes germaient en trois jours et arrivaient à maturité dans trois semaines. Le 30 mars, un laboureur offrit à l'Amiral des épis mûrs du blé semé à la fin de jan-

vier. » (1) A côté de ces constatations consolantes, on s'apercevait que, par suite de la mauvaise qualité des vivres et provisions, il fallait se rationner et user de prudence. Les maladies sévissaient, enlevant à la plupart des colons énergie et force. Les gens valides se

(1) Roselly de Lorgues, édition populaire, page 271.

décourageaient de voir toute la besogne retomber sur eux. L'Amiral pourvut à tout et après avoir mis son frère Don Diego à la tête de la colonie, aidé par un conseil d'hommes sérieux et capables, le Vice-roi des Indes voulant poursuivre son second voyage de Découverte mit son pavillon sur « *la Nina* » et partit, suivi de deux autres navires.

— La découverte de la Jamaïque lui en fit admirer les beautés ravissantes, surtout dans un port qu'il appela « *Sainte Gloire* », tant cette splendeur lui paraissait divine. Les naturels, d'abord hostiles et menaçants, furent vite apaisés par des cadeaux. Là, comme au départ d'Hispanola, les navires étaient assaillis par les canots Indiens (pirogues) venant saluer avec respect « les hommes descendus du ciel » et offrant des objets d'échange.

Une tempête, effroyable, telle qu'il s'en déchaîne dans les tropiques, assaillit alors la flotille qui se dirigeait sur Cuba et qui se trouva au milieu d'écueils et de petites îles, « les unes basses et sablonneuses, les autres élevées et verdoyantes ; » (1) vrai labyrinthe que Colomb appela « *Les jardins de la Reine* ».

Un mois se passa à explorer ce dangereux et charmant archipel ; une véritable armée de tortues obstrua un jour la marche des navires pour aller enfouir dans le sable de Cuba ses œufs que le soleil ferait éclore.

Une autre fois, « des phalanges d'oiseaux pélagiques traversaient les airs (2) ; » en vue de la flotille. Puis ce fut le tour d'une nuée éclatante de papillons aux mille couleurs ; les intempéries de l'air dissipèrent ces beautés fragiles et charmantes.

Dans un arrêt pendant lequel la sainte messe fut solennellement célébrée « pour remercier Dieu de Sa protection signalée à travers des dangers constants, » (3)

(1) Roselly de Lorgues, édition populaire, page 278.
(2) Roselly de Lorgues, édition populaire, page 281.
(3) Roselly de Lorgues, édition populaire, page 282.

un Cacique vénérable, attentif à ce qui se passait,
comprit que c'était un acte religieux. Saluant Colomb,
« le vieillard lui offrit une corbeille de beaux fruits et
s'asseyant près de lui, lui dit au moyen de l'interprète Diego : Il est juste de rendre grâce à Dieu des
biens qu'Il nous accorde. J'ai appris que tu avais pré-
cédemment parcouru avec ta puissance ces contrées
qui jusque là t'étaient inconnues, répandant une
grande frayeur parmi les populations ; mais ne t'énor-
gueillis pas de cela. Rappelle-toi, je te le recommande
et je t'en prie, qu'au sortir du corps l'âme trouve deux
routes : l'une, conduisant à une demeure fétide et ténébreuse préparée pour ceux qui ont désolé leurs sem-
blables ; l'autre, menant à un séjour délicieux et for-
tuné, disposé pour ceux qui, pendant leur vie, aimè-
rent la paix et la maintinrent parmi les hommes. Par
conséquent, si tu te crois mortel et pense que chacun est rétribué selon ses œuvres, ne fais aucun mal à
personne. » (1)

— Ayant su alors par le Messager de l'Evangile,
charmé autant qu'édifié de ces paroles, que sa mission
était « d'enseigner la véritable Religion, faire régner
la justice, assujettir les inhumains Caraïbes, les forcer à la paix et protéger les nations pacifiques, le vieux
Cacique ne put retenir des larmes d'attendrisse-
ment. » (2)

— En revenant vers Hispanola, une violente bourrasque endommagea « la Nina » appelée alors « la
Santa Clara ; » elle faillit sombrer. Malgré le déla-
brement des caravelles, Colomb se dirigeait résolument sur les îles Caraïbes, décidé à des mesures rigou-
reuses de nature à entraver leurs forfaits, mais « Dieu
ne permit pas que Son serviteur, Messager de la paix,

(1) Roselly de Lorgues, édition populaire, page 283.
(2) Roselly de Lorgues, édition populaire, page 283.

accomplît une mission de châtiment et de punition vengeresse. » (1)

— Depuis cinq mois, le saint Navigateur accomplissait une tàche prodigieuse et y dépensait ses forces jour et nuit en observations, fatigues, lutte contre les éléments et direction de la flotille à travers mille obstacles. Jusqu'alors il avait suffi à tout, « mais à ce moment, la mer étant belle et la brise excellente, sa vigueur s'évanouit tout-à-coup. La Nature reprit ses droits. Chacun de ses organes entra dans un sommeil simultané. Son cerveau comme ses yeux et ses jarrets cédèrent à une fatigue qui dépassait les ressources humaines... c'était une léthargie complète. » (2)

— Les Pilotes (car c'est ainsi que l'on appelait alors les officiers ne commandant pas en chef) se décidèrent, vu le mauvais état des caravelles, à mettre le cap sur l'Isabelle.

— C'est le 29 septembre que la flotille arriva au port. Là, une voix chérie, celle de Don Barthélemy, tira Colomb de sa torpeur. Ce frère bien-aimé était venu rejoindre Don Diego et prodiguait avec lui ses tendres soins à leur saint aîné. Ce fut une joie profonde pour le Vice-roi des Indes, car celui que l'histoire connaît et honore sous le nom d'« Adelantado » était digne de seconder le Messager du Verbe par ses solides vertus et ses qualités éminentes. On le verra dans le cours de cette histoire. Lui et Don Diego furent le bras droit et le bras gauche de l'Amiral, auquel ils étaient inexprimablement dévoués.

— Des caravelles arrivées d'Espagne apportaient, outre des approvisionnements, une missive de la Reine à son fidèle serviteur. La grande Isabelle appréciait dignement ses services et il ne fallait rien moins que ce baume pour soutenir Colomb dans les difficultés où

(1) Roselly de Lorgues, édition populaire, page 285.
(2) Roselly de Lorgues, édition populaire, page 286.

il se trouva dès son retour. Pedro Margarit s'était révolté, et ses soldats débandés commirent des excès qui exaspérèrent les Caciques, à l'exception de Guacanagari, toujours fidèle à Colomb. Une ligue de princes Indiens se forma.

L'un d'eux, Guatiguana, fit égorger des Castillans en divers lieux et Caonabo résolut d'anéantir toute la colonie.

'ARRIVÉE de Colomb permit de combattre et de vaincre les troupes indiennes. Une ruse de guerre, organisée sur l'ordre du Vice-roi, fut habilement exécutée par le brave capitaine Alonzo de Ojeda qui, avec quelques hommes, alla trouver Caonabo et réussit à s'emparer de sa personne, ce qui jeta l'effroi dans l'île entière.

Mais alors un frère du Cacique prisonnier, Manicatex, réunit cent mille hommes et se disposa à écraser la faible troupe de Colomb qui, réduite par la maladie, était composée seulement de deux cent vingt fantassins et de vingt cavaliers. La foi du Messager du Verbe ne défaillit pas en cette terrible circonstance. Confiant à Don Barthélemy le commandement de cette poignée d'hommes, il se saisit de l'arme toute-puissante de la prière et ce fut à genoux qu'il fit violence au Ciel et en obtint la victoire.

« Au moment où cinq mille archers d'élite, engageant la bataille, obscurcissaient l'air de leurs flèches, à la prière de Colomb, un vent violent s'éleva qui les faisait dévier. Elles tombaient inertes loin du but. L'épouvante saisit alors les Indiens. Se débandant, ils s'enfuirent de toutes parts, tandis que les Espagnols

criaient : Miracle ! et, enthousiasmés du prodige, s'élançaient à la poursuite...

» Dans sa gratitude, Colomb fit dresser un autel, célébrer une messe d'actions de grâces, et, en mémoire de ce divin secours, élever là une Croix qui s'y voyait encore au temps de notre enfance.

» Cette victoire, humainement impossible, fut appelée de son vrai nom : « Le miracle des Flèches. » (1)

(1) Roselly de Lorgues, édition populaire, page 296.

La colonie en garda toujours la mémoire par une église dont les peintures montrent encore aujourd'hui ce touchant prodige accordé par la Vierge conçue sans péché au serviteur qui se confiait à Elle dans ce péril inouï. La Main délicate de *la Femme* par excellence détourna le danger formidable avec la facilité qu'Elle mettait ici-bas à manier humblement Son léger fuseau, tant il est vrai que le Tout-Puissant Se plaît à réaliser les merveilleuses paroles du *Magnificat* :

« Le Tout-Puissant a fait en Moi de grandes choses...
» Il a déployé la puissance de Son bras...
» Et Il a élevé les petits... »

. . . .

« Le lieu où pria Colomb continua d'être appelé *la sainte colline* (Santo Cerro). » (1)

Malgré la modération du Vice-roi, les Indiens furent saisis de tristesse en se voyant assujettis à des impôts réguliers qui exigeaient quelque travail. Leur existence indépendante ne se prêtait pas à un labeur suivi et, jusqu'alors, ils avaient vécu dans une oisiveté rêveuse pour les uns, joyeuse pour les autres. Dans leur île charmante, une Reine animait ces régions par des poésies qui la rendaient célèbre autant qu'aimée. *Anacoana* (la Fleur d'or) était l'épouse du guerrier Caonabo. Depuis l'emprisonnement du Cacique, elle vivait près de son frère, le Roi Behechio ; elle était loin néanmoins d'être hostile aux Espagnols, sa vive et gracieuse intelligence lui faisant comprendre et apprécier instinctivement les bienfaits de la civilisation.

Pendant que les Indiens constataient avec consternation la perpétuité de la domination castillane, le Père Boïl, Pedro Margarit et quelques autres déserteurs de la colonie étaient retournés en Espagne, grâce à un vaisseau dont ils s'étaient furtivement emparés.

(1) Roselly de Lorgues, édition populaire, page 296.

A peine arrivés, ils ne cessèrent pas de calomnier et d'accuser le Vice-roi des Indes, appuyés par Fonseca et par le contrôleur Juan de Soria. Le déchaînement fut tel que la Reine dut se décider à envoyer vers Colomb un fonctionnaire chargé, non d'être un juge instructeur, mais un enquêteur sur les faits,

Juan Aguado, intendant de la chapelle royale et obligé de Colomb, fut choisi par Isabelle; mais l'influence de Fonseca sur Ferdinand, la haine profonde de ces deux hommes pour le saint génie dont ils ne pouvaient souffrir les succès et la supériorité, firent voir à l'ingrat Aguado. « de quel côté il devait s'appuyer pour son avancement. » (1) En conséquence, à peine arrivé à l'Isabelle, il se montra hautain, arrogant et se plut à l'être tout particulièrement pour le Vice-roi. L'humilité de Colomb lui fit tout souffrir avec une patience qui parvint à déconcerter l'insolent valet de Fonseca.

Un dossier, où furent recueillis les témoignages les plus vils, fut dressé par les soins d'Aguado, et il allait repartir pour l'Europe lorsque l'une de ces tempêtes des tropiques, appelées « *Hurracan* » par les insulaires, éclata sur l'île. Elle fit des ravages atroces et engloutit trois des quatre caravelles d'Aguado. « *La Nina* » resta seule en rade, échappée comme par miracle. Colomb fit réparer ce navire, appelé alors « *la Santa Clara* » et fit construire une autre caravelle « *la Sainte-Croix* », afin « d'arriver en Castille en même temps que son accusateur. » (2) Il voyait clairement le danger et sentit la nécessité de se défendre, sous peine de comprometttre, non seulement la colonie, mais les Découvertes. Il régla, avant de partir, le mode d'administration d'Hispânola et s'en éloigna, le 10 mars, sur « *la Santa Clara* ».

Aguado était sur le navire neuf. Le Vice-roi des In-

(1) Roselly de Lorgues, édition populaire, page 301.
(2) Roselly de Lorgues, édition populaire, page 305.

des emmenait avec lui Caonabo ; mais le Cacique orgueilleux ne put supporter longtemps la honte de sa captivité, quoiqu'elle ne fut que temporaire et il mourut en route, drapé dans une fierté taciturne et farouche.

Les calmes prolongeant outre mesure la traversée, on fut menacé de la famine, et les marins trouvèrent de trop les trente Indiens ramenés aux Rois par Colomb. Les uns parlaient de les manger ; d'autres voulaient les jeter à la mer pour supprimer des bouches inutiles, selon eux. L'énergie pleine de cœur du Messager du Verbe sut défendre ces malheureux, les protéger et imposer la patience à l'équipage, déclarant que « dans trois jours, on serait dans les eaux du cap Saint-Vincent, » (1)

Malgré l'étonnement général, malgré les dénégations des Pilotes, Colomb fit diriger la caravelle dans la direction désignée par lui et, à l'heure indiquée, chacun reconnut avec stupeur la vérité de son assertion inspirée. De ce moment, ils s'inclinèrent devant le Vainqueur de « *la mer Ténébreuse*. » Dans ce second voyage, cet homme prodigieux avait vaincu les éléments cette fois encore, et il arrivait pour lutter avec les hommes pervers contre lesquels il devait, hélas ! user ses forces et sa vie...

Un symptôme douloureux du progrès qu'avaient fait les ennemis du saint génie fut la longueur de l'attente qu'il dut subir avant d'obtenir une réponse à sa missive d'arrivée adressée aux Rois. Ce ne fut qu'au bout d'un mois qu'ils lui écrivirent. On était alors en juillet 1496.

La vue du Messager du Verbe, l'aspect de sa loyale et vénérable figure détruisit dans l'esprit de la Reine l'effet fâcheux produit par les calomnies haineuses dont il ne cessait d'être l'objet.

L'exposé fidèle de l'état de la colonie, des Découver-

(1) Roselly de Lorgues, édition populaire, page 311.

tes nouvelles et l'offrandes de diverses curiosités charmèrent la Reine. Ferdinand, lui, fut surtout sensible aux amas d'or qui lui furent présentés. Les Rois « remercièrent Colomb et le traitèrent publiquement avec honneur, au grand désappointement de ses ennemis. » (1).

Malheureusement pour le Vice-roi des Indes, une caravelle arriva alors, remplie d'Indiens prisonniers que l'on amenait pour les vendre comme esclaves. On croyait le navire chargé d'or et cette déception mécontenta le Roi, tandis que le grand cœur d'Isabelle en fut blessé. Néanmoins elle soutenait toujours Colomb avec une fermeté fidèle et elle étendit les pouvoirs qui lui avaient été déjà accordés. Dans sa juste reconnaissance pour tant de services rendus par le saint génie à sa couronne Royale, elle voulut « lui constituer une principauté au lieu dont il désignerait lui-même la situation. Ce domaine privé aurait une étendue de cinquante lieues de long sur vingt-cinq de large et, à son choix, on l'érigerait en marquisat ou en duché. » (2) Deux fois offert avec insistance par la généreuse Souveraine, ce don superbe fut deux fois refusé par l'Ambassadeur de Dieu. » En lui l'apôtre l'emportait sur le chef de famille... Il craignait que l'attachement naturel pour une propriété si vaste, le gouvernement domestique de ce petit état ne pussent tenter son cœur de père, retarder ses explorations, ralentir l'accomplissement de ses travaux apostoliques et avec une renonciation sublime, il refusa la dotation royale. » (3)

Ici doit se terminer l'histoire du second voyage si laborieux de Colomb. Plus pauvre que jamais, il n'amasse la gloire que pour l'offrir à sa Souveraine; les mérites, que pour les offrir à son Dieu.

(1) Roselly de Lorgues, édition populaire, page 315.
(2) Roselly de Lorgues, édition populaire, page 317.
(3) Roselly de Lorgues, édition populaire, page 318.

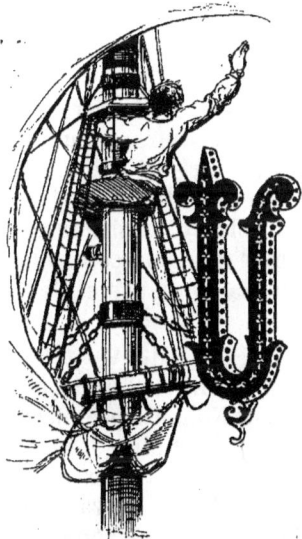

N des calculs diaboliques de Fonseca était de lasser la patience du Vice-roi des Indes par des lenteurs, des difficultés et des ennuis de toute espèce. Aussi Colomb eut-il grandement à souffrir, pour organiser sa troisième Expédition, mais il avait cela de commun avec saint François de Sales que, naturellement fort emporté, la vertu lui imposait une patience et un calme inaltérables. Le saint génie reçu et traité par Joam II avec des honneurs Royaux se vit réduit, de par Fonseca et son maître haineux à organiser *lui-même* les préparatifs nécessaires et à s'occuper des détails les plus humbles. Son énergie et sa persévérance triomphèrent du mauvais vouloir et tout était prêt en mai 1498. Il allait partir lorsque, dans sa méchanceté pleine d'astuce, Fonseca dépêcha près de lui un insulteur de la race qui compte Judas parmi ses compatriotes.

Jimeno de Bribiesca, stylé par son supérieur, se posa en insulteur public du Vice-roi des Indes avec une telle insistance, et cela jusque sur son navire que le vénérable marin se vit contraint de châtier le misérable. « Moins usé par ses soixante-deux hivers que par quarante et un ans d'incessantes navigations, le Patriarche de l'Océan, grandi majestueusement d'indignation, fit un pas vers son insulteur et levant la main frémissante, l'abattit sur sa face effrontée. Le misérable tomba comme assommé. L'Amiral se borna simplement à châtier du pied ce vil aboyeur qui s'enfuit au milieu des huées, cachant sous ses feintes larmes le secret de sa joie; car dès ce moment, sa fortune était faite. » (1)

Le Messager du Verbe avait infligé au frère de Judas la juste punition d'un infâme outrage public fait au bienfaiteur de l'Espagne, mais les récits calomnieux surent dénaturer le fait et l'ajouter aux griefs imaginaires que les ennemis de Colomb, désireux de plaire à Ferdinand, ne cessaient d'invoquer contre le saint Amiral pour détacher de lui la confiance et l'estime de la grande Isabelle.

Ce fut le 30 mai 1498 que l'Amiral partit avec trois navires « sous l'invocation de la très sainte Trinité, et ayant fait vœu de donner Son auguste Nom à la première terre qu'il pourrait découvrir... Ce n'était plus des îles que cherchait Colomb. Il allait maintenant interroger les espaces inconnus de l'Océan au Midi et s'avançait résolument à la recherche d'un continent nouveau que son intuition pressentait devoir exister sous une latitude plus avancée vers l'occident. D'après ses espérances, ce nouveau voyage allait presque égaler l'importance de sa première Découverte. » (2)

Arrivé à l'île de Fer, le Vice-roi des Indes envoya trois navires qui suivaient les siens à la colonie qui le préoccupait toujours; trois caravelles lui suffisant, comme pour le premier voyage. La goutte et la fièvre

(1) Roselly de Lorgues, édition populaire, page 322.
(1) Roselly de Lorgues, édition populaire, page 326.

s'ajoutaient à ses fatigues, sans ralentir son activité ni
abattre sa courageuse énergie. Elles furent mises à
une grande épreuve, par suite des calmes qui infli-
gèrent à la flottille un arrêt forcé, et cela par une chaleur torride. Les conséquences en furent désastreu-
ses. « Le goudron se liquéfiait... les vivres s'alté-
raient... se corrompaient... Le lard se fondait comme

devant le feu. Le blé se ridait et semblait se rôtir. »
(1) Les douves contenant l'eau et le vin se fendaient et
laissaient échapper leur contenu sans que personne eût
la force de descendre sous le pont pour obvier au mal.
Cette affreuse situation dura huit jours. Colomb

(1) Roselly de Lorgues, édition populaire, page 327.

obtint alors, par la prière, une brise qui permit à la flottille de poursuivre sa route. « Pendant dix-sept jours, Dieu notre Seigneur me donna un bon vent, » dit-il.

...Mais les provisions allaient manquer. L'eau surtout faisait cruellement défaut et l'on se lamentait ouvertement, lorsque le 31 juillet, à midi, un domestique de l'Amiral, monté sur les huniers, « par hasard, vit poindre à l'occident trois sommets de montagnes qui semblaient unies à la même base... Par une prodigieuse singularité, cette terre présentait mystérieusement l'emblème de la Trinité, dont l'Amiral avait fait vœu de lui imposer le Nom. » (1)

Abordant ce rivage qu'il appela du nom promis, « Colomb, suivant sa pieuse habitude, fit planter une Croix très élevée sur le rivage, où il glorifia le nom de Jésus-Christ. » (2)

Non loin de là, entre l'île de la Trinité et une terre voisine fut constaté un courant violent, accompagné d'un bruit jusqu'alors inconnu, tant il était épouvantable. L'Amiral « donna à ce dangereux passage le nom de : *Bouche du Serpent.* » (3)

Colomb avait alors à sa gauche l'extrémité supérieure du Delta de l'Orénoque, cet océan des fleuves « qui se décharge dans l'Atlantique par sept grandes bouches et quarante issues, sur une étendue de plus de cinquante lieues, qu'elles découpent en îles et en îlots de diverses grandeurs. » (4) Une végétation prodigieuse, étrange, d'une beauté inexprimable, d'une majesté toute particulière révéla au Messager du Verbe, ravi, qu'il se trouvait devant un continent mystérieux qu'il appela « *Terre de grâce* » (Tierra de gracia). C'était le Nouveau-Monde !

(1) Roselly de Lorgues, édition populaire, page 323.
(2) Roselly de Lorgues, édition populaire, page 329.
(3) Roselly de Lorgues, édition populaire, page 329.
(4) Roselly de Lorgues, édition populaire, page 329.

Colomb reconnut « qu'il voyait enfin la Terre ferme. » (1) L'eau qu'on y puisait sur les bords était
douce et agréable à boire. L'Amiral fit descendre à
terre Pierre de Terreros avec quelques hommes.

Certains indices dénotaient des habitants ; mais ils
restèrent invisibles. « Colomb ordonna que le diman-
che fut célébré sur cette terre nouvelle. » (2) Une
grande Croix y fut élevée. L'Amiral, malade d'une
cruelle ophtalmie, dut rester à bord et se fit représen-
ter par le vertueux Terreros, « le premier Européen
qui posa le pied sur le Nouveau-Continent. » (3)

Grâce à une rencontre avec un canot d'Indiens auxquels il fut fait des cadeaux, la population accourut
vers les navires, offrant divers objets et regardant avec
surprise les Européens ; ils remarquaient en « ces
étrangers une senteur agréable. » (4)

Le lieu charmant où l'on se trouvait fut appelé par
Colomb « les Jardins. » Les Indiens de ces parages
portaient des ornements d'or qu'ils cédaient volontiers
pour une sonnette.

Malgré la beauté du pays et l'intérêt puissant offert
par ces parages superbes, la sollicitude de l'Amiral
le pressait de retourner à Hispanola et, portant au couchant, il atteignit un très grand golfe où se déchar-
geaient leParia, le Guarapiche, le Fantesima, le
Cacao, le Carispe, fleuves magnifiques ; l'eau y était
exquise. « Je n'en ai jamais bu de pareille, » disait
l'Amiral. « Le golfe des Perles, » ainsi fut nommé par
lui cet endroit grandiose.

(1) Roselly de Lorgues, édition populaire, page 330.
(2) Roselly de Lorgues, édition populaire, page 331.
(3) Roselly de Lorgues, édition populaire, page 331.
(4) Roselly de Lorgues, édition populaire, page 332.

L avait été difficile à Colomb d'entrer dans le golfe de Paria, à cause de la violence des courants d'eau, masses liquides projetées par les fleuves dans la mer. Le bouleversement des flots rendait la passe parsemée d'écueils effroyablement dangereuse, mais Colomb priait, et « *la prière, tout obtient,* » a dit Térèse, la sainte Espagnole dont l'amour innocent rivalise avec l'amour pénitent, personnifié par Marie-Magdeleine. La hautaine amertume des flots salés dut s'humilier devant la douce impétuosité des flots d'eau douce, cette eau privilégiée qui sert d'agent à la Grâce divine dans le saint baptême. Portées par ces ondes libératrices qui dominaient l'onde subalterne, les caravelles sortirent de la passe terrible, que Colomb appela du nom significatif de « *Bouche du Dragon* ».

« Telle était l'assurance de l'Amiral en l'aide divine, sa confiance dans la miséricorde de Sa haute Majesté que dans ce moment redoutable, il s'occupait tranquillement d'observations hydrographiques. » (1)

Il y a dans cette confiance qui s'atteste par le travail, un je ne sais quoi d'irrésistible pour le cœur du Christ qui aime tant la foi simple, la foi absolue se livrant à Lui comme un enfant se jette dans les bras de sa mère.

La gratitude de Colomb « remercia hautement le Seigneur de l'avoir soustrait aux périls de l'abîme. » (2) Trois îles qu'il aperçut alors furent nommées par lui « les Témoins » en souvenir de cette grâce insigne. Deux autres furent appelées par l'Amiral, l'une « la Conception, l'autre « l'Assomption. » Il atteignit ensuite « la Marguerite », véritable joyau de la nature. » (3).

Malgré les enchantements des vues magnifiques qu'offraient ces parages merveilleux et les splendeurs du ciel austral, les vivres menaçant de manquer et « la cécité presque complète de l'Amiral s'opposant à ses observations « ...on mit décidément le cap sur l'Espagnole. » (4)

Les résultats prodigieux de ce voyage permettent au génie de Colomb, malgré ses souffrances et sa quasi-cécité, de constater :

« 1° L'existence du Nouveau-Continent, dont l'Europe n'avait jamais eu encore aucune notion. Donc il ne croyait plus être en Asie, mais sur un continent tout à fait inconnu jusqu'alors. Colomb venait de signaler le Nouveau-Monde... A la qualité de l'eau, il avait deviné le caractère de la terre.

» 2° Le renflement équatorial. »

Dans sa rapide relation aux Rois catholiques, les

(1) Roselly de Lorgues, édition populaire, page 333.
(2) Roselly de Lorgues, édition populaire, page 335.
(3) Roselly de Lorgues, édition populaire, page 335.
(4) Roselly de Lorgues, édition populaire, page 3,6.

preuves de la sagacité de ses observations ont été vérifiées et reconnues exactes par la science.

» 3° Le courant équatorial.

» Au mouvements des flots, il avait deviné une des lois générales du globe : la marche du grand fleuve de l'Océan. Il affirmait que les eaux de la mer se meuvent comme les cieux, d'Orient en Occident, ce qui est l'opposé du mouvement de la terre.

« La moindre de ces trois découvertes eût assuré l'immortalité à une académie. » (1) De plus, « Colomb savait, sans qu'on puisse dire comment, que par delà cette grande terre d'où s'échappait ce fleuve immense, se trouvait encore l'Océan. Il le savait, car il l'affirma. » (2)

Pourquoi s'étonner de cette prescience? Elle est la récompense de la sainteté et les souffrances que subissait avec héroïsme le Messager du Verbe étaient autant d'étincelles intérieures, à la clarté desquelles ses yeux malades voyaient plus clair et plus loin que tous.

» Telle était l'importance de ce troisième voyage qu'il ne restait plus de grande Découverte possible. Le Messager de la Croix ne laissa que bien peu à faire pour les générations suivantes... Depuis trois siècles, personne n'a découvert dans les lois de la Nature rien de si large, de si profond, de si lumineux, de si fondamental pour la science. Depuis trois siècles, nul n'a rapporté d'aucun voyage autant d'acquisitions intellectuelles. » (3)

Mais alors qu'accablé de fatigue, dévoré de souffrances, épuisé par ses travaux, Colomb arrivait à l'Espagnole espérant s'y reposer un peu, il trouva à son arrivée l'île en conflagration, de par l'ingratitude et le crime, et exigeant de lui un labeur plus assidu que jamais.

(1) Roselly de Lorgues, édition populaire, page 341.
(2) Roselly de Lorgues, édition populaire, page 341.
(3) Roselly de Lorgues, édition populaire, page 342.

L'irritation des cupides et orgueilleux hidalgos ne pardonnait pas au Vice-roi des Indes ses sages et pieuses restrictions au sujet des permissions de travaux dans les mines d'or. La fermeté de Don Barthélemy, veillant à l'exécution des ordres donnés par son frère,

avait déçu leurs espérances, lors du départ de la flottille. L'Adelantado faisait travailler activement, veillait au maintien de l'ordre et, par une sage diplomatie, sut se concilier le Roi Behechio, dans une visite qu'il lui fit. Anacoana, « la Fleur d'or », avait été charmée de le connaître et sa grande influence avait contribué au succès de Don Barthélemy. Cette gracieuse enchanteresse régnait de par le prestige de son talent et de sa beauté. Ses poésies charmaient les cœurs comme sa grâce ravissait les yeux. Ce fut entourée de fleurs, dont l'éclat pâlissait à côté d'elle, que la Souveraine indienne accueillit l'Adelantado. Dès lors, Behechio devint l'allié des Espagnols et se rallia franchement à eux. Le tribut en nature qu'il paya immédiatement à ses nouveaux amis et protecteurs soulagea la détresse de la colonie, l'oisiveté opiniâtre des orgueilleux hidalgos compliquant la situation des Espagnols.

En récompense de ce nouveau et important service rendu par l'Adelantado, des mécontents, groupés sous les ordres de François Roldan, grand juge d'Hispânola de par la bonté de Colomb, mettaient le trouble dans l'île, aidés par un autre ingrat « Diego de Escobar. Ce dernier insurgea la garnison du fort la Madeleine, assaillit l'arsenal, pilla les magasins publics, la ferme royale et voulut contraindre les colons paisibles à grossir sa bande. Les travaux furent interrompus. Le désordre se propagea... » (1)

Ce fut dans cet état lamentable que Colomb trouva la colonie à son arrivée ; à peine deux officiers étaient-ils restés fidèles ; encore doutaient-ils de leurs hommes. Les rebelles n'acceptèrent pas l'offre faite par le Viceroi des Indes de les faire repartir pour l'Espagne et cinq caravelles s'éloignèrent sans eux, « emportant avec divers échantillons des produits du Nouveau-Monde, un rapport de l'Amiral qui exposait sa situation critique et la manière dont on pourrait y remédier. Il demandait instamment quelques religieux de mérite et surtout l envoi d'nn juge habile, déjà exercé à rendre la justice. » (2).

La sainte patience de Colomb s'efforça ensuite de

(1) Roselly de Lorgues, édition populaire, page 356.
(2) Roselly de Lorgues, édition populaire, page 357.

faire rentrer les rebelles dans le devoir, malgré les insolences et les prétentions absurdes de ces derniers.

Il tenait bon, cependant, dans sa tâche redoutable, malgré la tristesse que lui donnait une réponse des Rois, « écrite sous l'inspiration haineuse de Fonseca. Ainsi, la supériorité de ses vues, tant de prodiges accomplis, ses efforts pour la grandeur et la gloire de l'Espagne, son zèle à répandre la foi, ne pouvaient contrebalancer les dires d'hommes vils et pervers. Il suffisait de l'accuser pour être accueilli. »(1)

Pour comble de malheur, les Indiens se soulevaient en masse, et une créature de Fonseca, Alonzo de Ojeda, arrivait avec quatre caravelles, venant de la côte de Paria, « en violation des privilèges du Vice-roi... Il en rapportait de l'or et des esclaves. »(2). Il s'exprimait avec arrogance et prétendait s'emparer du commandement, appuyé qu'il était sur les bureaux de Séville.

(1) Roselly de Lorgues, édition populaire, page 358.
(2) Roselly de Lorgues, édition populaire, page 359.

EVANT ces dangers multiples, sans troupes, sans trésors, séparé de son frère qui luttait avec le même désavantage que lui, le Vice-roi des Indes, écœuré de tant d'horreurs, éprouva, comme son divin Maître au Jardin des Olives, « une tristesse mortelle... Pour la première fois l'Amiral songea au salut de sa vie.

Il résolut de se jeter avec ses frères sur une caravelle pour fuir à travers l'Océan la rage de ses ennemis. »(1)

C'était le 25 décembre 1499 que ce grand cœur brisé prenait cette résolution inspirée par le désespoir ; mais le divin Enfant, Qui autrefois était apparu au saint patron de l'Amiral pour l'instruire en le ravissant, fit plus encore pour Colomb. « Dieu daigna parler à Son

(1) Roselly de Lorgues, édition populaire, page 361.

serviteur éperdu. Une voix d'En-Haut lui dit : O homme de peu de foi, relève-toi! Que crains-tu? Ne suis-Je
pas là? Prends courage, ne t'abandonne pas à la tristesse et à la crainte. Je pourvoirai à tout.

En effet, suivant cette mystérieuse annonce, les choses changèrent aussitot de face, sans effort, et même
sans initiative de sa part. »(1)

La découverte de mines d'or immenses décida Roldan à repousser et chasser Ojeda, puis à se rallier au
Vice-roi, et enfin à punir ceux qui persistaient dans leur
rebellion. Les Indiens se soumirent. Les colons repri-
rent leurs travaux. La paix et la prospérité régnèrent.
La capitale s'agrandissait rapidement. « Saint-Domingue, construit sur le plan de Christophe Colomb, durant son absence, par Don Barthélemy, témoignait d'un
merveilleux talent d'ingénieur et d'architecte. Le site
était admirablement choisi... Dans l'esprit de son fon-
dateur, Saint-Domingue, siège de la Vice-royauté des
Indes, devait être le foyer de la propagande chrétienne
dans le Nouveau-Monde... Sous l'impulsion du Vice-roi,
l'agriculture, mise en honneur, se développait progres-
sivement. De jour en jour, de nouvelles plantations
s'étendaient sur des terrains jusque-là verdoyants, mais
improductifs. » (2)

En même temps s'élevait, sur les ordres du Vice-roi,
dans la plaine de l'Immaculée-Conception « une vaste
forteresse qui allait bientôt devenir l'origine d'une
ville épiscopale. La prospérité montait à son comble ;
l'abondance des gisements aurifères rendait la richesse
chose commune à Hispanôla.

L'Amiral s'était assuré qu'avant trois ans, les seuls
droits royaux perçus dans l'île s'élèveraient pour le
moins à soixante millions de produit annuel. En effet,

(1) Roselly de Lorgues, édition populaire, page 361.
(2) Roselly de Lorgues, édition populaire, page 303.

cinq ans après, ils dépassaient cent millions »(1), somme énorme à cette époque.

Mais, de par Fonseca soutenu par Ferdinand, la destinée des pauvres Indiens, si paternellement protégés par le saint Vice-roi des Indes, allait se transformer en vie de tortures et en larmes de sang, détruisant les douces espérances de leur bienfaiteur. Les haines de ces hommes abominables tramaient le supplice et la chute de Colomb. De même que la figure sinistre de Cauchon, évêque de Beauvais et valet du roi d'Angleterre, apparaît dans l'histoire, éclairée par le reflet des flammes dévorant Jeanne d'Arc, sa sainte et pure victime, de même la figure venimeuse de Fonseca, cet autre évêque, laquais-bourreau du roi Ferdinand, se dresse, sombre et implacable, pour servir de repoussoir à l'image superbe du Vainqueur de la *Mer Ténébreuse*, nous offrant le spectacle infernal du mauvais prêtre qui foule aux pieds son devoir et renouvelle la trahison de Judas.

Il y a de ces noms effroyablement prédestinés, qui reparaissent à des époques fatales pour terrifier les bons et faire hurler de joie les méchants. Dans ce Nouveau-Monde découvert par l'illustre victime de Fonseca, c'est un homme portant ce nom maudit qui vient de trahir son Souverain et de le faire expulser par la nation affolée par lui. Son triomphe infâme a été court : la Providence a déjà repoussé du pied le misérable dont Elle faisait disparaître le fils, englouti obscurément par cette *Mer Ténébreuse* qui obéissait autrefois en rugissant à Christophe Colomb.

Pendant que le Vice-roi, secouru par le Christ, domptait les révoltés et rendait la colonie prospère, l'animosité contre ce saint génie se montrait ouvertement dans l'ingrate Espagne, animosité protégée par

(1) Roselly de Lorgues, édition populaire, page 363.

le haineux Ferdinand. L'infâme Jimeno de Bribiesca obtenait de l'avancement !

Malgré la persistance des dires calomnieux renforcés par les écrits de Roldan à ses amis de Séville, la Reine prit le sage parti d'envoyer à Colomb le juge éclairé que réclamait celui-ci. Le Roi eut alors l'infernale adresse de lui faire choisir pour cette tâche si grave « non un jurisconsulte, qu'avait demandé l'Amiral... mais un homme d'épée, le commandeur François de Bobadilla, qui jouissait de l'estime de Fonseca. »(1) C'est tout dire pour caractériser cet être d'exécrable mémoire.

Un voyage de la Reine à Séville permit aux ennemis de Colomb de lui parler avec une telle persistance, une telle entente, qu'Isabelle « finit par céder au nombre »(2), trompée par l'impudence d'abominables mensonges.

« Dès lors, aucune des choses qu'avait demandées l'Amiral ne lui est accordée. On lui refuse l'envoi de son fils Don Diego, qu'il voulait préparer au gouvernement. On le regarde comme dépossédé de sa Viceroyauté. On annule de fait (ô honte !) les traités qui obligeaient envers lui la Castille.

« En violation des privilèges de l'Amiral, les Rois accordent une licence à Rodrigo de Bastidas pour faire des Découvertes dans les Indes Occidentales... Une autre licence d'expédition de Découvertes est consentie au commandeur Alonzo Velez de Mendosa. Et dans son texte, on voit que les droits de Christobal Guerra et d'Alonzo de Ojéda étaient mis au même rang que ceux de Christophe Colomb. »(3).

Ce fut le 23 août qu'arrivait à Hispanôla le Commissaire royal « pour juger les rebelles. »(4).

(1) Roselly de Lorgues, édition populaire, page 367.
(2) Roselly de Lorgues, édition populaire, page 368.
(3) Roselly de Lorgues, édition populaire, page 370.
(4) Roselly de Lorgues, édition populaire, page 371.

6

A peine débarqué, Bobadilla se livre ouvertement à la violence, non contre les coupables, mais contre le pouvoir légitime ! Il s'empare de force, malgré Don Diego Colomb, des prisonniers de la forteresse, puis s'en

va piller la maison du Vice-roi absent. Non seulement ce brigand fit main basse sur les objets de valeur, mais aussi sur les meubles (présent particulier de la Reine à l'Amiral) les vêtements, le linge et les papiers, supprimant, dans son iniquité pleine d'audace, les observations et les épanchements de ce génie sublime, et de

plus « toutes les pièces des dossiers administratifs qui
eussent confondu les accusateurs de l'Amiral. »(1).

Voilà ce que ce juge osa faire !

Il ajouta à ces forfaits l'autorisation publique et officielle « accordée pour vingt ans à tout habitant de l'île
d'exploiter les mines d'or. » (2) On ne vit que trop
tôt, hélas ! les résultats funestes d'une mesure qui
donnait libre cours à la cupidité et aux instincts pervers.

(1) Roselly de Lorgues, édition populaire, page 373.
(2) Roselly de Lorgues, édition populaire, page 373.

§ III

NSTRUIT de l'arrivée du commissaire royal, le Vice-roi crut d'abord que Bobadilla, « comme autrefois Aguado, infatué de ses pouvoirs, les exagérait. »(1). Sa prudence lui fit écrire une lettre courtoise à l'arrivant, destinée à l'éclairer sur la conduite à tenir. « Mais sa missive ne reçut aucune réponse. L'insolent Bobadilla, non content de garder un silence insultant vis-à-vis du Vice-roi, adressa des gracieusetés à l'ancien rebelle Roldan et le confirma dans son titre de grand-juge. D'autres coupables reçurent des emplois, grâce a des brevets en blanc signés par les souverains, »(2) dont le misérable sicaire de Fonseca était muni.

Rusant alors avec Colomb, dont il craignait les frères et les officiers dévoués, Bobadilla envoya au Vice-

(1) Roselly de Lorgues, édition populaire, page 373.
(2) Roselly de Lorgues, édition populaire, rage 374.

roi le Père Juan de Trasiera, Franciscain, chargé de lui montrer sa « lettre de créance dont le laconisme terrible tranchait toute incertitude. »(1)

Rougissant de honte pour les Souverains qui trahissaient leur parole royale, plein d'une noble tristesse pour cette déchéance morale, le Messager du Verbe se résolut à leur obéir d'autant plus scrupuleusement que leur autorité, abusant de la force, changeait un héros en victime, un innocent en condamné. Il partit donc pour Saint-Domingue, « sans escorte, presque sans domestiques, n'ayant pour ceinturon que son cordon de saint François et pour arme que son bréviaire...

... Dès que Bobadilla fut averti de son approche, il fit saisir et garotter Don Diego Colomb, que l'on enferma dans une des caravelles, les fers aux pieds ! (2)

C'est ainsi que ce juge procédait. Des louanges à Roldan, des emplois à ses complices, la liberté pour les coupables et des chaînes pour un homme plein d'honneur et de dévouement, dont le seul crime était d'être allié au Vice-roi et de lui être fidèle.

Mais ce n'est pas tout !

« Peu après, le Vice-roi étant arrivé pour saluer le nouveau Gouverneur, celui-ci, refusant de le voir, commanda aussitôt de l'arrêter et de l'incarcérer dans la forteresse, les fers aux pieds !

« Colomb n'opposa aucune résistance aux satellites et les suivit dans la prison.

« Mais quand il s'agit d'attacher des fers à ces pieds qui avaient conduit la Castille à la conquête du Nouveau-Monde, tous les cœurs s'émurent d'indignation. Parmi les gardes du gouverneur, nul ne se sentit la force d'accomplir cet acte exécrable. La douleur comprimée étouffait toutes les voix ; ils se révoltaient secrètement contre leur dégradante obéissance. La séré-

(1) Roselly de Lorgues, édition populaire, page 374.
(2) Roselly de Lorgues, édition populaire, page 875.

nité de ce héros (de ce martyr!) imposait un douloureux respect. Les chaînes, bien qu'apportées, gisaient
sur les dalles du cachot sans qu'aucun des assistants
osât les soulever. Devant un tel outrage, les geôliers
eux-mêmes reculaient comme à l'idée d'un sacrilège.

L'ordre barbare du Gouverneur ne pouvait donc s'exécuter, quand vint s'offrir gaiement pour ce forfait, non
point un séide de Bobadilla, un Indien stupide ou haineux, mais un homme de la maison de l'Amiral, son
propre cuisinier. Cet infâme s'infligea allègrement
cette honte, et avec une impudente prestesse, riva les

fers de son maître. Las-Casas le connaissait : il se nommait Espinosa. » (1)

Colomb poussa l'héroïsme de la vertu d'obéissance jusqu'à écrire à l'Adelantado, sur l'injonction que lui fit faire Bobadilla, « de revenir sans sa troupe à Saint-Domingue. Comme toujours, plein de déférence aux désirs de son frère, l'Adelantado se démit aussitôt de son commandement et prit la route de Saint-Domingue. A peine y arrivait-il qu'on l'arrêta et on le mit aux fers dans une autre caravelle. » (2)

A peine couvert, vu la grande chaleur, l'Amiral souffrait cruellement du froid sur la pierre de son cachot. Sa nourriture était si rebutante qu'il s'en plaignit, lui, si dur à lui-même... Que devait-ce donc être !

Une enquête fut alors ouverte par l'infâme bourreau du héros-martyr. Au mépris des ordres de la Reine, non seulement le commissaire-traître ne saisit pas les rebelles, mais « il les fit déposer contre le Vice-roi. » (3)

Les passions excitées remuèrent les instincts les plus bas. « Il y eut entre eux émulation de haine, concours de diffamation. Le directeur de l'hôpital, Diego Ortiz, se signala par son impudence » (4). N'avait-il pas à se venger de la surveillance et de la sollicitude du Vice-roi !

Lorsque Bobadilla eut rassemblé cet amas monstrueux de faussetés et d'accusations (« hors la moindre faute contre la chasteté), il résolut d'envoyer les trois prisonniers à Fonseca » (5).

Ce fut Alonzo de Vallejo, venu d'Espagne avec lui, jeune officier protégé par Fonseca, qui fut chargé par lui de cette mission. Quoique bien vu par l'évêque-courtisan, Vallejo était un homme d'honneur, et le res-

(1) Roselly de Lorgues, édition populaire, page 376.
(2) Roselly de Lorgues, édition populaire, page 376.
(3) Roselly de Lorgues, édition populaire, page 377.
(4) Roselly de Lorgues, édition populaire, page 377.
(5) Roselly de Lorgues, édition populaire, page 378.

pect, la loyale franchise avec lesquels il parla au Vice-
roi en allant le chercher dans son cachot, dissipèrent
les terrib'es appréhensions de l'illustre prisonnier, car
Colomb croyait d'abord à une exécution sommaire et
redoutait « de laisser après lui ses enfants ensevelis
dans l'opprobre dont ses adversaires (ses bourreaux !)
auraient accablé sa mémoire.

... Vallejo souffrait intérieurement de voir dans les
fers le Maître des navigateurs, le Vainqueur de la *Mer*
Ténébreuse, dont la dignité calme et douce au milieu
de tant d'affronts, démentait seule les imputations
odieuses soulevées contre sa gloire. »(1)

Le maître de la caravelle (*la Gorda*), Andrès Martin, « partageait en silence les sympathies du jeune
capitaine. Aussi, dès qu'on eut perdu de vue le port,
s'approchèrent-ils respectueusement de l'Amiral, le
priant de leur permettre de le débarrasser de ses
fers » (2).

Le martyr de l'obéissance et du devoir n'y consentit
pas. Il ne voulait pas « paraître contrevenir aux ordres
donnés par le mandataire de ses Souverains. Malgré
les souffrances qu'occasionnaient les chaînes à ses
membres endoloris, il les garda, ne reconnaissant
qu'aux Rois, au nom désquels on l'en avait chargé, le
pouvoir de l'en délivrer. » (3)

Le silence de la sainte résignation fut gardé par le
héros persécuté. Il ne se permit de soulager son cœur
qu'en écrivant de sa main enchaînée « à la vertueuse
amie de la Reine, Dona Juana de la Torre, qui avait
nourri de son lait le fils d'Isabelle, l'infant Don
Juan. »(4)

Dieu permit, pour abréger le supplice du martyr,

(1) Roselly de Lorgues, édition populaire, page 380.
(2) Roselly de Lorgues, édition populaire, page 380.
(3) Roselly de Lorgues, édition populaire, page 380.
(4) Roselly de Lorgues, édition populaire, page 380.

que la traversée fût exceptionnellement rapide. « Parties en octobre, les deux caravelles entraient le 20 novembre dans la baie de Cadix. Jamais encore on était venu des Indes en si peu de jours.

« A l'exemple de leur capitaine, tous les officiers avaient comblé de respectueux égards l'Amiral et ses frères. Par les soins d'Andrès Martin, dès qu'on eut jeté l'ancre, un homme de confiance fut secrètement expédié à Grenade, où étaient alors les Rois, porteur de la lettre de Colomb pour Dona Juana. La célérité de ce messager devança l'arrivée des dépêches et de la procédure envoyées par Bobadilla…

« L'indignation d'Isabelle ne fut surpassée que par sa douleur. Un courrier extraordinaire porta l'ordre d'élargir sur le champ Colomb et ses frères. La Reine écrivit à Colomb une lettre signée aussi par Ferdinand, (qui dut se conduire en diplomate comédien), dans laquelle ils déploraient cette offense dont ils disaient se sentir atteints dans sa personne. Ils redoublaient leurs expressions de haute estime, de déférence, l'invitaient à se rendre immédiatement à la cour et donnaient l'ordre de lui compter deux mille ducats d'or, afin qu'il pût réparer l'odieux dénûment dans lequel l'avait osé mettre Bobadillla »(1).

L'abominable enquête relatait des faits « si incompatibles avec la nature élevée et toute chrétienne de Colomb, que cet échaffaudage de dénonciations, vertueusement repoussé par la colère de la Reine, s'anéantit sous son regard. Il ne fut question de cette procédure et de ces procédés que pour annoncer la destitution et le châtiment de Bobadilla. »(2)

(1) Roselly de Lorgues, édition populaire, page 382.
(2) Roselly de Lorgues, édition populaire, page 382.

E héros martyr vint le 17 décembre avec ses frères recevoir de ses Souverains, dans une audience solennelle « les marques les plus satisfaisantes de leur bienveillance. » (1)

La Reine avait réparé l'outrage, autant qu'il était possible de le faire avec un époux indigne comme l'était Ferdinand ; mais l'amie respectueuse du saint génie avait à cœur de l'entretenir en particulier « pour avoir une explication complète sur la véritable situation des Indes. » (2)

Dans les grandes émotions de la vie, les larmes et le silence deviennent des interprètes de la plus haute, de la plus sincère éloquence. En voyant le Messager du Verbe et ses poignets meurtris, des pleurs jaillirent des yeux de la grande Isabelle « remuée jusqu'au fond du cœur. »(3) Colomb, bouleversé à cette vue, se taisait, écrasé par l'émotion la plus douce qui pût consoler ce cœur sublime de tant d'horreurs subies avec un courage indomptable. Mais « l'homme qui avait supporté inébranlable les coups de la fortune, ne sut contenir

(1) Roselly de Lorgues, édition populaire, page 383.
(2) Roselly de Lorgues, édition populaire, page 383.
(3) Roselly de Lorgues, édition populaire, page 383.

plus longtemps les sentiments refoulés dans son sein ;
un sanglot ouvrit sa poitrine, et il laissa échapper le
trésor de ses larmes. Colomb et Isabelle pleurèrent à
la fois sans proférer un mot. » (1)

On est heureux d'espérer que les Anges, respectueux
et attendris, recueillirent ces perles du cœur pour les
offrir au Christ et à la Vierge comme des trésors dignes d'être fixés sur leurs diadèmes divins, gouttes
étincelantes qui y resplendiront pour l'éternité.

Il va sans dire qu'une fois remis de sa profonde émotion, « le Révélateur du Nouveau-Monde confondit en
quelques paroles le système entier de ses accusateurs. » (2)

La Reine voulait, et elle le déclara au Vice-roi, le
réintégrer dans ses fonctions et ses titres, après l'avoir
toutefois remplacé *provisoirement* à Hispanola, pour
calmer l'ardeur des inimitiés et des haines grondant
contre lui et « ne pas l'exposer à de nouveaux embar-
ras. »(3) Ce provisoire, pour la Reine, était regardé
secrètement comme définitif par son astucieux et perfide époux lequel, toujours néfaste, « dirigea adroite-
ment le choix de la Reine sur Don Nicolas de Ovando,
lié avec l'ordonnateur général de la marine, » (4) cela
va sans dire.

Ce digne successeur de l'abominable Bobadilla fut
comblé d'honneurs par son ami Fonseca, qui lui fit
accorder « l'appareil d'un cortège princier, avec une
magnifique flotte de trente-deux voiles. » (5) Le mauvais génie de Colomb, triomphant « par une activité
inouïe, mit en moins de six mois les navires en état de
prendre la mer » (6) ; aussi généreux pour son valet

(1) Roselly de Lorgues, édition populaire, page 383.
(2) Roselly de Lorgues, édition populaire, page 383.
(3) Roselly de Lorgues, édition populaire, page 334.
(4) Roselly de Lorgues, édition populaire, page 334.
(5) Roselly de Lorgues, édition populaire, page 384.
(6) Roselly de Lorgues, édition populaire, page 384.

qu'il avait été pingre et bas avec le génie sublime dont
il aborrait la supériorité éclatante. Le présent était tout
à la vanité épanouie, à la haine triomphante, à la
médiocrité arrogante, orgueilleuse de régner.

La postérité venge Colomb et foule aux pieds aujourd'hui ces âmes viles qui se tordent comme des ser-
pents sous les lanières inflexibles de la divine Vérité. Là,
comme au Temple, le Christ indigné châtie de Sa propre Main les misérables qui osent entraver Son adora-
ble volonté, incarnée dans la mission de Christophe
Colomb. « Laissez passer la justice du Roi ! » criaient
autrefois les exécuteurs en jetant dans les flots le corps
des suppliciés. « Laissez passer la justice de Dieu ! »
proclame l'histoire chrétienne, de sa voix retentissante
qui est répétée par les siècles sans jamais s'affaiblir.

. . . .

Calme dans sa sainte retraite de la Rabida, le Messager du Verbe se consolait en s'absorbant dans son ardent désir de reconquérir le Saint-Sépulcre ; tour à
tour il méditait et écrivait des poésies sur les livres sacrés, comme un nouveau David inspiré par le Seigneur. Puis, revenant avec amour à son projet sublime,
le Vice-roi des Indes « calculait qu'avec le produit de
ses droits de dîme et d'octave, il pourrait faire cette
entreprise. Il combinait son budget de manière à lever
en deux fois une armée de cent mille hommes d'infan-
terie et dix mille cavaliers. Au moment où le héros
chrétien se livrait à ce pieux calcul, il ne touchait pas
sur ses revenus de quoi se procurer un manteau...

« Lui qui avait donné à la couronne des régions cent
fois plus grande que la Castille, il ne possédait pas un
coin de terre, un jardin pour s'y promener, un toit pour
abriter sa tête. Il était réduit à une vie d'auberge, et
souvent n'avait pas de quoi solder la note de l'hôtelier.
Non seulement il ne trouvait point toujours de quoi
« payer son écot », mais chose autrement pénible à sa
charité, il n'avait pas même une petite pièce de mon-

naie pour donner à l'offrande, quand il assistait aux
offices. Et c'est là ce qui lui était le plus sensible. C'est
uniquement à cette occasion qu'il se plaint de sa misère. Ne rien pouvoir offrir à l'Église et aux pauvres lui
fait regretter son dénûment. Colomb ne parle pas de
cette gêne qui tend à effacer l'éclat de son rang, à ra-

baisser la dignité de ses titres. Pour lui, la pauvreté
n'est surtout pénible que par cela qu'elle nuit aux pauvres qu'il ne peut plus soulager.

La défaveur jetée (méchamment) sur les colonies
empêchait l'Amiral d'obtenir des avances.

Sa gêne, son manque de crédit pécuniaire, et l'influence gouvernementale, devenues notoires en Castille, transpiraient même à l'étranger. Une lettre du secrétaire de l'ambassade vénitienne en Espagne, Angelo Trivigiano, montre à la fois sa gêne, son discrédit et son inépuisable bonté. » (1)

Abandonné des grands, le Vice-roi sentait d'autant mieux la douceur de l'amitié fidèle des Franciscains. Près d'eux, son âme, image fidèle de son nom si pur, prenait son vol vers le cœur de Jésus crucifié, et s'y consolait... que dis-je ! s'y enivrait de ses douleurs. « L'ingratitude du roi, l'injustice de l'opinion publique ne faisaient que détacher de plus en plus Colomb des intérêts temporels et le portaient, comme l'apôtre des nations, l'heureux admirateur de l'invisible, saint Paul, à vivre dans le Christ seul, et à ne vouloir posséder d'autre science que Jésus mort sur la Croix. » (2)

Ici finit la relation du troisième voyage. Le martyr apparaît dans le héros. Nous allons le voir resplendir de plus en plus dans la quatrième et dernière Expédition, de cet éclat incomparable que projette sur ceux qui souffrent avec Lui et pour Lui « l'Homme de douleurs » qui, du haut de Son terrible calvaire, ce Thabor des Saints, domine, contemple et sauve l'humanité !

(1) Roselly de Lorgues, édition populaire, page 389.
(2) Roselly de Lorgues, édition populaire, page 390.

AINTEMENT impatient de poursuivre le cours de ses merveilleuses Découvertes, le Messager du Verbe voulait encore travailler pour l'humanité toute entière, car « il lui restait à effectuer le tour du globe et racheter le Saint-Sépulcre, afin qu'après avoir montré le signe du Salut à des peuples encore ignorés, ils pussent librement apporter leurs adorations au tombeau du Sauveur. Il voulait, avant de mourir, leur en frayer la route. » (1)

— Toujours jeune, de par la volonté de Dieu, jeune de cette fraîcheur de l'âme qui ne connait ni décadence, ni défaillance, Colomb planait sur la vie comme l'aigle sur les montagnes, embrassant avec le regard puissant qui n'appartenait qu'à lui, les souvenirs et le présent, les terres et les mers parcourues et savourant

(1) Roselly de Lorgues, édition populaire, page 392.

avec délices ses émotions passées, comme celles du
futur auxquelles aspirait son cœur incomparable. « Les
sereines voluptés de la contemplation semblent parti-
ciper de l'infini. » (1) Un pressentiment mystérieux
attirait le héros chrétien vers cette partie du Nouveau-
Monde où se trouve l'isthme de Panama, qu'il prenait
pour un détroit. « Il le montrait à Isabelle sur la carte
incomplète du Monde inexploré... avec une précision
étonnante.

...La Reine ayant approuvé ce dessein, dont la grandeur captivait ses sympathies, Colomb obtint l'autorisation d'emmener son second fils, Don Fernando,
dont la société serait un adoucissement à sa conti-
nuelle séparation de la famille que lui imposait sa
mission. » (2)

— Par amitié et par dévouement pour son aîné,
l'Adelandado consentit à le suivre. C'est ainsi que,
malgré « un Roi dont l'ingratitude et les sourdes hos-
tilités ne lui étaient que trop connues, son âge, ses
douleurs, les souffrances qu'il avait endurées dans sa
dernière exploration... Avec une apostolique ardeur,
à soixante-six ans, le Révélateur du globe s'élançait
vers l'inconnu dont il espérait, cette fois, soulever en-
tièrement le voile. » Cette fois, « il demandait quatre
navires approvisionnés pour deux ans et montés par
cent cinquante hommes, pour faire la première tentative de circumnavigation qui se fût produite sous le
soleil, depuis qu'une voile sillonna l'Océan. » (3)

« La Capitane » était montée par Colomb. Son
commandant était « Diégo Tristan, un vrai type d'officier de mer. » (4)

« Le saint Jacques de Palos » avait pour capitaine

(1) Roselly de Lorgues, édition populaire, page 393.
(2) Roselly de Lorgues, édition populaire, page 395.
(3) Roselly de Lorgues, édition populaire, page 400.
(4) Roselly de Lorgues, édition populaire, page 401.

François de Porras, nullité arrogante, imposé à Colomb par Fonseca et dont le rôle néfaste ne tarda pas à créer de graves et douloureuses difficultés au saint Amiral. Comme correctif fut placé à côté de lui par Colomb Diégo Mendez « qui était à la fois marin consommé, soldat intrépide, fervent chrétien et serviteur inviolable. L'écuyer Diégo Mendez gagna durant cette campagne le grade de capitaine de vaisseau, un blason, le titre de chevalier et une immortelle inscription dans l'histoire.

« *Le Galicien*, » navire lourd et défectueux, fut confié au fidèle capitaine Pierre de Terreros. » (1)

« *La Biscaïenne*, » qui était le navire le plus petit et dont le rôle devait être celui d'un éclaireur et d'un furet maritime eut pour capitaine, de par Colomb son noble compatriote, Barthélemy Fieschi (personnage doué de grandes perfections, d'après l'Amiral). Pour renforcer d'une ressource morale ce petit navire fort exposé à se trouver séparé de l'escadre, il lui confia le seul prêtre qu'il eût pu embarquer, un zélé franciscain, le Père Alexandre. » (2)

Le début du voyage se fit malgré un vent contraire, l'Amiral s'étant élancé quand même, à la nouvelle d'une attaque d'Arcilla, forteresse Portugaise, par les Maures. L'aspect de l'escadrille mit « en fuite la troupe Maure qui avait d'ailleurs rencontré une vigoureuse défense. » (3)

Notre Seigneur me donna ensuite un si bon temps que j'arrivai ici en quatre jours, écrivit-il de la grande Canarie.

— « Le 29 juin, l'escadrille étant arrivée devant le port (de saint Domingue), Colomb envoya le capitaine du « *Galicien* » exposer lui-même au gouver-

(1) Roselly de Lorgues, édition populaire, page 401.
(2) Roselly de Lorgues, édition populaire, page 402.
(3) Roselly de Lorgues, édition populaire, page 402.

7

neur la nécessité de se procurer une autre caravelle,
que l'Amiral paierait de ses deniers. (La route avait
fait reconnaître les défauts de ce navire, qui avait re-
tardé la marche des autres bâtiments). Il devait aussi
lui demander, de la part de son chef, licence d'entrer
dans le port, pour se mettre à l'abri d'une violente
tempête qu'il prévoyait devoir éclater prochaine-
ment. » (1)

Le digne fonctionnaire de l'abominable Fonseca fut
à la hauteur de son horrible patron. « Non seulement
il n'accorda pas à l'Amiral de prendre un autre navire,
mais il lui défendit de descendre et même d'aborder. » (2)

— ...Et c'était le Vice-roi des Indes, Gouverneur
perpétuel des Iles et Terre Ferme découvertes par son
génie, qui était l'objet d'un ostracisme aussi infâme
qu'inhumain. On lui refusait une caravelle, alors que
trente-quatre navires se trouvaient là !...

L'indignation si légitime du saint Amiral n'étouffa
pas en lui la charité. « Il renvoya de nouveau vers le
Gouverneur pour lui dire que, puisqu'il lui refusait un
asile, malgré la nécessité de se réparer et au moment
même d'un péril imminent, qu'au moins il retînt la
flotte près de partir et qu'il ne la laissât pas aller avant
huit jours, parceque l'ouragan s'étendrait jusqu'en de
lointains parages ; quant à lui, il allait sans retard
chercher un abri. » (3)

Le temps était splendide ; les Pilotes, consultés par
Ovando, accueillirent l'avis de Colomb par des rires
moqueurs et ne tinrent aucun compte de sa communication inspirée. L'Amiral, après avoir eu la précau-
tion de donner au « *Galicien* » pour commandant son
frère, l'habile Don Barthélemy, « chercha un abri le

(1) Roselly de Lorgues, édition populaire, page 403.
(2) Roselly de Lorgues, édition populaire, page 404.
(3) Roselly de Lorgues, édition populaire, page 405.

long de la côte. Il fit aussitôt toutes ses dispositions pour recevoir l'ouragan, avec autant de hâte que s'il l'eût vu venir. » (1)

. . . .

La flotte allait partir, bondée d'or, de richesses amassées par des coupables aussi orgueilleux qu'impénitents, passagers sur ces navires et y attirant la Colère divine. Parmi eux se trouvait Bobadilla, celui là même qui avait chargé de fers le Messager du Verbe et ses frères.

Les trésors accumulés dans cette flotte étaient tels que « jamais une telle quantité d'or n'avait été vue à la fois. (Il y avait entr'autres, une pépite monstrueuse, pesant trois mille six cents !). Ces richesses maudites avaient été payées du sang et de la vie de tant de malheureux Indiens... » (2)

Les trente quatre navires s'éloignèrent avec une majesté pleine d'assurance, par un temps magnifique ; mais à huit lieues en mer la brise cessa de souffler et soudain apparurent les sinistres symptômes d'une perturbation redoutable et prochaine. La Miséricorde était remplacée par la Justice qui laissait agir les puissances formidables de « la Mer Ténébreuse. » Celles-ci, farouches et frémissantes d'une joie féroce, s'élançaient pour se venger sur cette flotte superbe, de la domination que le saint Messager du Verbe leur faisait subir.

... Et voilà que les vents déchaînés rugissent, que les vagues hurlent en bondissant, que les navires s'entre-choquent et deviennent le jouet de l'ouragan sinistrement railleur. Et voilà que tour-à-tour se brisent et disparaissent les vaisseaux disloqués, les coupables fous de terreur et et de désespoir, avec leur richesses acquises aux prix du salut de leurs âmes !... « De cette

(1) Roselly de Lorgues, édition populaire, page 405.
(2) Roselly de Lorgues, édition populaire, page 406.

superbe flotte, il ne rentra à Hispanola que deux ou trois bâtiments fracassés, à demi-noyés tandis qu'un seul, le plus mauvais, le plus usé, le plus petit de tous nommé « l'*Aiguille* » (El Aguja) continuait sa route vers l'Europe. Il portait tout le bien de l'Amiral, qui con-

sistait en quatre mille pesos et ce fut le premier qui arriva en Castille comme par la permission de Dieu. Les navires maltraités qui vinrent se réparer à Hispanola portaient les gens les plus pauvres, les plus obscurs du convoi ; il n'y avait là qu'un seul Hidalgo,

Rodrigo de Bastidas, fort honnête homme que Bobadilla avait aussi persécuté inhumainement. » (1)

...Et la formidable révolte des éléments épargnait,
malgré sa rage, les trois navires de l'Ambassadeur de
Dieu, ainsi que le bâtiment minuscule portant son
petit avoir, protégés qu'ils étaient par la Main toute-
puissante de Sa haute Majesté.

Ces faits furent tellement significatifs, tellement Pro-
videntiels, que le monde entier en resta atterré. L'abîme
avait reçu les ordres d'En-haut et les avait exécutés,
foudroyant les uns, respectant les autres ; distinguant
avec une netteté terrible les réprouvés et les élus.

La Reine, justement indignée contre Ovando, l'en
eût rudement puni si la maladie puis la mort n'étaient
venues promptement entraver l'exécution de ses ordres.
Le Roi larmoya sur son or et sur sa grosse pépite, seul
malheur auquel fût sensible ce cœur de caillou, cette
âme basse et cupide.

(1) Roselly de Lorgues, édition populaire, page 409.

ᴇ temps permit à l'A-
miral, une fois ses
caravelles réparées, de
prendre le route du
Sud, mais il devint
vite étrange car, tan-
tôt des averses vio-
lentes, tantôt des
éclairs flamboyants té-
moignaient de l'hos-
tilité haineuse venant
des puissances de « *la
Mer Ténébreuse.* »

Patient et calme, le
Messager du Verbe
luttait intrépidement
avec ces forces bruta-
les ; quoique tombé
gravement malade,
« il dirigeait la route
de son lit, ce sublime
Navigateur en qui l'on
sentait autant de sainteté que de grandeur, dont la
bouche ne blessa jamais personne, ne proféra aucune
expression brutale et qui, pour affermir, certifier ou
menacer suivant l'occurence, n'employait que ce seul
juron : « Par saint Ferdinand ! » (1)

Ses instincts de délicatesse charmante lui faisaient

(1) Roselly de Lorgues, édition populaire, page 413.

aimer les fleurs, les parfums, le linge soigné qu'il se plaisait à parsemer d'herbes odorantes, et la propreté d'habits qu'il savait garder d'une façon exquise, même dans les temps de pauvreté profonde... Veillant sur l'âme de ses hommes, « il menaçait d'abandonner à Dieu celui qui s'obstinait à mal faire. » (1) Nous devons à Dieu d'agir de telle façon, leur disait-il.

Grâce à un « vent favorable qui vint enfin, on découvrit au Midi une île qu'entouraient plusieurs îlots ; c'était Quamaja, située en avant du golfe de Honduras. L'Amiral commanda de la reconnaître. » (2) Ce que fit l'Adelantado avec un fort détachement. Il s'empara d'un grand esquif qui arrivait alors et qu'il amena au Vice-roi, lequel traita avec bonté ceux qui étaient sur cette chaloupe et qui ne semblaient nullement effrayés. Les femmes étaient chastement enveloppées d'une couverture de coton et les hommes, au nombre d'une vingtaine, avaient les reins ceints d'une large ceinture. Il y eut des échanges de faits : L'Amiral y joignit des cadeaux. Il sut d'eux, par un interprète « qu'ils revenaient de l'Yucatan, pays riche et cultivé. Il retint, en qualité de truchement, un vieillard nommé Giumbé qui lui parut expert dans la navigation côtière. » (3).

Colomb trouva la terre ferme près du cap Caxinas. La tempête recommença alors, hélas! on cherchait le détroit malgré un temps épouvantable. On vit successivement sur les côtes des hommes tatoués et bizarrement accoutrés, puis des anthropophages complètement nus ; ils se nourrissaient de poissons crus aussi bien que de chair humaine et étaient aussi laids que féroces.

Les marins souffraient beaucoup de tant de fatigues occasionnées par les temps constamment contraires. Ils s'attendaient à mourir « à chaque redoublement de

(1) Roselly de Lorgues, édition populaire, page 414.
(2) Roselly de Lorgues, édition populaire, page 415.
(3) Roselly de Lorgues, édition populaire, page 416.

tempête... l'équipage de « *la Biscaïenne* » s'était pré-
paré à la mort et avait même reçu du Père Alexandre
les derniers sacrements. Dans les autres navires, les
marins se confessaient les uns aux autres... ces scènes
de désolation se répétèrent plusieurs fois. » (1)

— Colomb était accablé de douleur en voyant l'escadrille dans cette position lamentable et Don Barthélemy sur le bâtiment le plus mauvais de tous. Pareil
à un ange innocent devenu ange consolateur, « Fernando l'entourait de ses soins et déployait une fermeté au dessus de son âge. Colomb écrivit: Notre Se-
gneur lui donna un tel courage que c'était lui qui
ranimait les autres. Et quand il s'agissait de s'emplo-
yer à la manœuvre, il le faisait comme s'il eût navigué
quatre-vingts ans, *et c'était lui qui me consolait.*

« A force de persévérance, le 14 septembre ils attei-
gnirent un promontoire qui reçut le nom de « *Grâces
à Dieu* » qu'il porte encore aujourd'hui ; » (2) car
une fois là, la brise devint bonne et la mer traitable.
Le vieux Giumbé « fut congédié avec des présents. Il
parut très satisfait de la munificence de l'Amiral. (3)

Dans un des arrêts faits en vue d'explorer les rives
et de chercher le détroit, une chaloupe envoyée pour
chercher de l'eau à l'embouchure d'une large rivière,
chavira malgré son habile et brave contre-maître,
Martin de Fontarabie. « Aucun de ceux qui la montaient ne reparut !... Dans son affliction, l'Amiral
nomma ce lieu « *Fleuve du Désastre.* » (4)

— Un mouillage excellent permit à l'escadrille de
se reposer et de réparer les navires. On repartit ensuite, longeant la côte de Mosquitos et l'on arriva dans
un endroit ravissant où « plusieurs îles formaient entre
elles de petits canaux profonds et sans écueils. Les

(1) Roselly de Lorgues, édition populaire, page 419.
(2) Roselly de Lorgues, édition populaire, page 421.
(3) Roselly de Lorgues, édition populaire, page 421.
(4) Roselly de Lorgues, édition populaire, page 421.

arbres gigantesques entre-croisaient leurs rameaux,
formant des berceaux élevés sous lesquels passait l'escadrille. La fraîcheur et l'ombrage odorant récréaient
les équipages. C'était la baie de Cerabaro, aujourd'hui
indiquée sous le nom de « Baie de l'Amiral. »

— Des échanges furent faits avec les indigènes de
la rive qui avaient des miroirs et des plaques d'or,

échangés contre des grelots. « Une abondance fabu-
leuse favorisait cette terre. Poissons, oiseaux, gibier,
racines, graines, arbres à fruits, fleurs s'y trouvaient
en profusion. » (1)

On repartit pour l'Est, louvoyant devant Cobrava.
On n'était pas éloigné de Veragua où se trouvaient des
mines d'or splendides, d'après les racontars Indiens.

(1) Roselly de Lorgues, édition populaire, page 424.

Le 2 novembre, l'Amiral s'arrêta dans un endroit magnifique qu'il appela « *Beau Port* » (Puerto Bello).
Il repartit au bout de quelques jours, longeant sans le
savoir l'isthme de Panama. A la hauteur du cap « *Nom
de Dieu* » (Nombre de Dios) une bourrasque le força
de se réfugier un instant près de la côte. Plus loin,
l'on vit une anse étroite que l'Amiral nomma « *le Ca-
binet* » (El Retrete). Les naturels, d'abord doux et confiants, eurent avec les matelots grossiers et violents,
des discussions qui finirent par une attaque. L'Amiral
dut recourir à l'artillerie pour les repousser et continua sa route.

Les équipages, épuisés par quatre mois de bourrasques continuelles et de fatigues incessantes, deman-
daient à retourner directement en Castille. Colomb,
pris de doutes sur l'exacte position du détroit tant cher-
ché et voyant l'état lamentable de l'escadrille, « résolut
de rétrograder et de visiter les mines de Veragua
sur lesquelles il avait eu des renseignements fabu-
leux. » (1) Le temps, déjà horrible, était devenu épouvantable, effrayant même par les convulsions des flots,
l'air suffoquant et les éclairs fulgurants dont l'inten-
sité et la continuité étaient férocement sataniques.
« *La Mer Ténébreuse* » luttait désespérément avec son
Vainqueur comme Lucifer avec l'archange Saint-Michel; mais comme pour le premier combat, Dieu était
avec l'adversaire du révolté, car ces navires légers (dont
deux étaient, l'un si frêle, l'autre si défectueux et si
vite en danger) résistaient à la furie des éléments dé-
chainés et se maintenaient sur les flots bondissant.

(1) Roselly de Lorgues, édition populaire, page 43).

II

ANS sa rage de maudit, de vaincu, Satan exaspéré imagina un danger nouveau.

« Le mardi 13 décembre 1502, pendant que l'Amiral agonisait dans son lit de douleurs, une clameur déchirante partie de l'une des caravelles fut presque aussitôt répétée par les autres. Ce cri de désespoir retentit jusque dans l'âme du moribond. Il frissonna et rouvrit les yeux.

« Quelque chose d'horrible se passait à portée du regard.

» Sur un point de l'espace agité par un mouvement giratoire, la mer, se gonflant de tous les flots qu'elle attirait à ce centre, se soulevait comme une seule montagne tandis que de noirs nuages, descendant en cône renversé, s'allongeaient vers le tourbillon marin qui se dressait palpitant à son approche, comme pour le joindre. Ces deux monstruosités de la mer et de l'atmosphère s'unirent tout à coup par un effroyable embrassement et se confondirent en forme d'X tournoyante. (C'était, dit l'historien de saint Domingue, une de ces trombes marines que l'on connaissait alors si peu et qui ont depuis submergé tant de navires). « Un âpre sifflement précédait l'haleine fatale qui poussait vers les caravelles cet épouvantail alors sans nom dans nos langues. L'orient lui donne le nom même de l'Esprit du mal : « typhon. » Malheur aux navires qui se rencontrent sur son passage ! (1)

Galvanisé par le cri d'une agonie d'épouvante, le cœur de Colomb se reprend à la vie... L'Amiral « se relève, reprend son ancienne vigueur et sort de sa cabine afin de mesurer d'abord le péril. Lui aussi aperçut la chose formidable qui approchait. La mer était soutirée vers le ciel... » (2)

Là où le navigateur se voyait impuissant, le Chef chrétien sut et osa agir, ferme dans sa foi. « Il se rappela qu'il était le Chef d'une expédition chrétienne; que son but était saint et il voulut, à sa manière, sommer l'esprit des ténébres de lui livrer passage. Il fit allumer dans les fanaux des cierges bénits, arborer l'étendard royal de l'expédition ; » (3) ce Christ dont il est dit : « *Le Christ est venu. Le Christ a vaincu. Le Christ règne !* » « Il ceignit son épée par-dessus le cordon de Saint François ; prit en ses mains le livre des Evangiles, et debout, en face de la trombe qui s'approchait, lui notifia la sublime affirmation qui

(1) Roselly de Lorgues, édition populaire, page 434.
(2) Roselly de Lorgues, édition populaire, page 435.
(3) Roselly de Lorgues, édition populaire, page 435.

ouvre le récit du disciple bien-aimé, Saint Jean, le fils adoptif de la Vierge. » (1)

Phrase par phrase, le céleste Evangile fut proclamé par « le Messager du Verbe, s'efforçant de dominer de sa voix le bruit de la tempête...

« Alors, de par ce Verbe Divin, Notre Rédempteur, dont la parole calmait les vents et apaisait les flots, Christophe Colomb commande impérieusement à la trombe d'épargner ceux qui, faits enfants de Dieu, s'en vont porter la Croix à l'extrémité des Nations et naviguent au nom trois fois saint de la Trinité. Puis tirant son épée, plein d'une ardente Foi, il trace dans l'air avec le tranchant de l'acier le signe de la Croix, et décrit autour de lui un cercle acéré, comme s'il coupait réellement la trombe. Et en effet, ô prodige ! la trombe qui marchait vers les caravelles, attirant avec un noir bouillonnement les flots, parut poussée obliquement, passa entre les navires à demi-noyés par le bouleversement des vagues, s'éloigna rugissante, disloquée, et s'alla perdre dans la tumultueuse immensité des plaines Atlantiques. » (2)

Tel est le secret de la force donnée par l'Eglise dans ses exorcismes repoussant, « le lion rugissant » dont parle la sainte Ecriture. Que n'avons nous encore des chefs tels que Christophe Colomb, pour se servir des armes toutes puissantes qu'offre aux chrétiens la religion Catholique, Apostolique, Romaine !

. . . .

Un apaisement se fit ensuite, de par la Bonté divine, trêve bien nécessaire aux infortunés équipages, absolument épuisés. Les vivres frais manquant, on put harponner quelques requins, nourriture préférable au biscuit couvert de moisissures et rempli de vers que les malheureux marins devaient se résigner à prendre.

(1) Roselly de Lorgues, édition populaire, page 435.
(2) Roselly de Lorgues, édition populaire, page 436.

« Les uns mangeaient en fermant les yeux, pour que le cœur se soulevât moins ; les autres attendaient la nuit, afin de ne pas voir l'infecte nourriture à laquelle ils étaient réduits. L'Amiral, malgré ses douleurs et sa maladie, ne se traitait pas mieux que le dernier des matelots. » (1)

Après des luttes nouvelles et terribles contre les éléments, « l'escadrille réussit à pénétrer le 6 janvier 1503, jour des Rois, dans une rivière que l'Amiral, en l'honneur de l'Epiphanie, appela « *Bethléem.* » Par abréviation, on dit *Belen.* — En mémoire de ces traverses inouies, l'Amiral nomma cette portion du littoral : « *Côte des Contrariétés.* » (2)

— Le 12, l'Adelantado remonta la rivière de Veragua et alla voir amicalement « *le Quibian* » nom du chef sauvage de cette contrée. Il y eut un échange de cadeaux et l'on s'assura bientôt « que les plus riches terrains aurifères étaient à Veragua. » (3)

Un poste militaire fut établi là par Colomb qui donna « *le Galicien* » aux hommes désignés pour cette factorerie, mais le Quibian vit cette installation d'un mauvais œil et ce fut alors que brillèrent les grandes qualités et le dévouement intrépide de Diégo Mendez. (Il était de Segura). Il surveilla les Indiens, déjoua leur plan après en avoir conféré avec l'Amiral auquel il était tout dévoué ; poussant l'audace jusqu'à se rendre seul près du Quibian blessé. Ce dernier fut arrêté par l'Adelantado et sa capture eût fait soumettre le pays ; malheureusement, la négligence du matelot qui le gardait lui permit de s'échapper et cette évasion mit les sauvages en ébullition. Les hommes de la factorerie, attaqués par les Indiens, durent faire (commandés par le brave Adelantado que secondait l'admirable

(1) Roselly de Lorgues, édition populaire, page 439.
(2) Roselly de Lorgues, édition populaire, page 440.
(3) Roselly de Lorgues, édition populaire, page 441.

Diego Mendez) des prodiges de valeur, sauf un lâche Lombard, appelé Bastiano.

— Pour comble de malheur, une chaloupe qui allait chercher de l'eau fut coulée à fond et son épuipage massacré ou noyé, sauf le tonnelier Juan Noya. Ces

terribles événements furent connus grâce à Pedro de Ledesma, matelot de « la Biscaïenne » qui, avec la permission de l'Amiral, eût le courage d'aller aux nouvelles, personne de la rive ne venant vers l'escadrille. Ce qu'il revint dire à Colomb anéantit le cœur si bon de son chef!

Ecrasé par tant d'épreuves de toutes sortes, le Vice-roi des Indes s'affaissa au pied de la hune, en proie à une souffrance sans nom... C'est là que dans un sommeil pendant lequel sa douleur inconsolable restait éveillée, le poignardant sans relâche, il entendit une voix compatissante lui dire :

« O insensé ! lent à croire et à servir ton Dieu, le Dieu de tous les hommes ! Que fit-Il de plus pour Moïse ou pour David, Son serviteur ? Dès ta naissance, Il prit toujours le plus grand soin de toi ; lorsqu'Il te vit parvenu à l'âge fixé dans Ses desseins, Il fit merveilleusement retentir ton nom sur la terre. Les Indes, cette si riche portion de l'univers, Il te les a données comme tiennes. Tu les as distribuées comme il t'a plu, et en cela, Il t'a transféré Son pouvoir. Il t'a donné les clefs des barrières de la mer Océane, fermées jusquelà de chaînes si fortes ! On obéit à tes ordres dans d'immenses contrées et tu as acquis une renommée glorieuse parmi les chrétiens ! Que fit-Il de plus pour le peuple d'Israël lorsqu'Il le tira d'Egypte, et pour David même, qui, de simple pasteur devint un roi puissant de Judée ? Rentre en toi-même, reconnais enfin ton erreur ; la miséricorde du Seigneur est infinie ; ta vieillesse ne fera pas obstacle aux grandes choses que tu dois accomplir. Le Seigneur tient en Ses Mains des héritages de longues années. Abraham n'avait-il pas plus de cent ans lorsqu'il engendra Isaac ? et Sara, elle-même, était-elle jeune ? Tu réclames un secours incertain. Réponds, qui t'a tant et si souvent affligé ? Est-ce Dieu ou le monde ? Dieu maintient toujours les privilèges qu'Il a accordé, et ne fausse jamais Ses promesses. Le service, une fois rendu, Il ne dit point que l'on n'a pas suivi Ses intentions et qu'Il l'entendait d'une autre manière ; Il ne martyrise pas afin de prouver Sa puissance. Il suit l'esprit de la lettre. Tout ce qu'Il promet, Il le tient, et même au-delà. N'est-ce pas Son usage ? Voilà ce que ton Créateur a fait pour toi et ce qu'Il fera pour tous. Montre mainte-

nant la récompense des fatigues et des périls que tu
as essuyés en servant les autres ? »

« J'étais, dit Colomb, à demi-mort en entendant
tout cela ; mais je ne sus trouver aucune réponse à des
paroles si vraies ; je ne pus que pleurer mes erreurs.
Celui Qui me parlait, quel qu'Il fût, termina en disant :
« Ne crains pas, prends confiance ; toutes ces tribula-
tions demeurent gravées sur le marbre, et ce n'est pas
sans raison. »

Cette céleste communication du Crucifié à un martyr doit à jamais encourager les âmes malheureuses !
n'y voit-on pas la révélation d'une nécessité de souffrir
qui prend sa raison d'être dans le Cœur transpercé du
Christ ? le comte Roselly de Lorgues observe, à ce pro-
pos, avec la profondeur de sentiment qui lui est parti-
ticulière : « Qui jamais ouït sur la mer des paroles
d'une telle majesté ? conçoit-on un langage d'une
élévation plus solennelle, d'une simplicité plus
digne ? »

III

RACE à l'activité pleine d'intelligence de Diego Mendez, les hommes de la factorerie, rappelés par Colomb, furent ramenés à l'escadrille et les provisions, armes et objets de toute nature, rapportés à bord (« *la Galicienne* » étant échouée et hors de service). L'Amiral en remercia solennellement Diego Mendez, l'embrassa avec effusion et le nomma son capitaine de pavillon. Il récompensa aussi Ledesma.

On repartit à la fin d'avril pour Hispânola afin de se radouber et de se ravitailler, malgré le temps toujours aussi terrible et une continuité de tourmentes sans exemple dans lesquelles « se faisait sentir quelque chose de ténébreux, de formidable et d'agressif. » (1) C'était pitié de naviguer avec des vaisseaux troués qui faisaient eau, des provisions quasi-perdues et des hommes anéantis par la fatigue et le découragement !

Au bout de trente lieues, il fallut abandonner « *la Biscaïenne* », dont l'équipage passa sur les deux navires restants. Une tempête nouvelle jeta alors « *le Saint-Jacques de Palos* » sur « *la Capitane* », dont la poupe fut fracassée en enfonçant le haut de l'avant du « *Saint-Jacques* ». La route fut reprise avec courage, néanmoins.

« J'avais perdu (dit l'Amiral) tous mes agrès. Mes navires étaient percés de trous plus qu'un rayon d'abeilles et les équipages complètement démoralisés. » Il se reposa à Maeaca, sur la côte de Cuba, s'y procura quelques vivres et reprit son terrible voyage afin d'atteindre Hispânola ; mais les vents, les courants l'entraînèrent loin de son but. L'eau entrait de tous côtés dans les caravelles, malgré les efforts des marins pour l'épuiser, quand, hélas! la tempête recommença.

« *Le Saint-Jacques de Palos* » fut alors obligé de se réfugier dans un port. Pour « *la Capitane* », sur le point de couler, « Notre Seigneur me conduisit miraculeusement à terre, » rapporte l'Amiral.

Ce fut sur la côte nord de la Jamaïque qu'échouèrent à la fin de juin les caravelles, dans le port superbe déjà visité par Colomb et appelé par lui « *Santa Gloria* ». « Cette terre magnifique et hospitalière était fort peuplée et abondante en toutes choses nécessaires à la vie. » (2) Comme son saint Amiral, le pieux Diego Mendez en rendit grâces à la bonté du Seigneur ; puis, se dévouant avec l'ardeur vaillante et simple qui le caractérisait, il s'en alla dans les terres avec quelques

(1) Roselly de Lorgues, édition populaire, page 461.
(2) Roselly de Lorgues, édition populaire, page 465.

hommes courageux pour y chercher les vivres qui faisaient défaut aux naufragés. Dieu permit que les indigènes fussent aussi doux que ceux de Veragua l'étaient peu et, de son entente avec divers Caciques, il résulta des fournitures aussi abondantes que régulières. On les payait en objets d'échange. Il put même se procurer un excellent canot qui lui servit pour revenir vers les caravelles. Colomb le reçut avec un bonheur plein de gratitude et le félicita publiquement, comme il l'avait déjà fait avant leur départ de Veragua.

La situation, quoique meilleure, était précaire, vu qu'il ne fallait pas se fier aux sauvages mobiles et capricieux ; les secours religieux manquaient, car le Père Alexandre était mort en mer, épuisé par les fatigues des tourmentes, en vrai martyr de son zèle religieux. L'Amiral se résolut donc à faire savoir aux Rois la position critique où se trouvait l'escadrille, ainsi que les résultats remarquables dûs à ses Découvertes, notamment les merveilleuses mines d'or de Veragua. « Tout habitué qu'était Colomb aux bontés de Sa Haute Majesté, il disait, en écrivant sa lettre aux Rois, que si elle leur parvenait, ce serait un miracle. Ce fut, en effet, par un miracle qu'elle arriva dans leurs mains. » (1)

... Et ce miracle, ce fut Diego Mendez qui l'accomplit. Sur la demande de son Amiral et après un conseil d'officiers, qui se récusèrent tous avec épouvante, le capitaine du pavillon partit dans un canot. Une tentative infructueuse ne servit qu'à mettre en relief sa persévérance, son courage et sa foi. Il repartit avec le brave capitaine Barthélémy Fieschi et douze matelots espagnols qui, enthousiasmés de son courage, avaient voulu l'accompagner, ainsi que vingt Indiens pour tenir les rames de leurs deux chaloupes. Mendez emportait la lettre de Colomb aux Rois, missive sublime, testament du

(1) Roselly de Lorgues, édition populaire, page 471.

— 117 —

génie chrétien dans lequel le Messager du Verbe, après
avoir relaté les faits de son crucifiant voyage et avoir
appelé la sollicitude des Souverains sur les marins de ses
équipages, réclame avec une noblesse pleine de grandeur ce qui lui était dû, comme la part de Dieu Lui-
même, montrant avec une mélancolique majesté le
saint projet auquel il a sacrifié sa vie, lui Colomb, per-

sonnifié dans « l'image du Sauveur Lui-même, atten-
dant, les Bras ouverts... » (1)

S'attendrissant ensuite sur son sort, il s'écrie : « J'ai
pleuré jusqu'à présent sur les autres ; maintenant,
que le Ciel me fasse miséricorde et que la terre pleure

(1) Roselly de Lorgues, édition populaire, page 473.

sur moi ! Qu'il pleure sur moi celui qui aime la charité,
la vérité et la justice !... » Apostrophe superbe à la
postérité que les larmes des gens de cœur accueillent
avec un saint transport.

C'était cette missive merveilleuse que Diego Mendez emportait avec la foi naïve et robuste de l'homme
redevenu enfant par la simplicité qu'aime le Christ et
à laquelle le bon Maître ne résiste pas.

Expirants de chaleur et de soif, les pauvres voya-
geurs furent sauvés de la mort, grâce à une petite île
aperçue par Mendez et dont le creux des rochers con-
tenait de l'eau de pluie. « Quelques rameurs se
désaltérèrent avec une telle passion qu'ils en furent
suffoqués et moururent sur la place. » (1)

Repartis avec un courage nouveau, ils arrivèrent,
après quatre jours de voyage, au cap Saint-Michel,
aujourd'hui cap Tiburon. La population leur fournit
des vivres avec empressement et, après deux jours de
repos, « Mendez loua six rameurs indigènes, ceux de
la Jamaïque étant à demi-mort d'épuisement, et se dirigea sur Saint-Domingue, encore éloignée de cent trente
lieues. » (2)

Il courait de grands dangers dans cette partie de
l'île encore insoumise et fréquentée par les antropophages. Il put néanmoins aborder à Azua, où il apprit
qu'Ovando était à Xaragua, à cinquante lieues dans
l'intérieur des terres. Il n'hésita pas à quitter son
canot pour le rejoindre, « allant seul et à pied, à travers
des tribus insoumises ou irritées, de hautes montagnes, des rivières rapides et des forêts inextricables
qui semblaient défier son héroïsme durant ces cinquante lieues d'obstacles. La solitude ne l'épouvantait
point. Sa confiance en Dieu et le souvenir de son maî-

(1) Roselly de Lorgues, édition populaire, page 486.
(2) Roselly de Lorgues, édition populaire, page 486.

tre le soutenaient contre les dangers véritables et les terreurs de l'imagination. » (1)

Une fois Mendez éloigné, Barthélemy Fieschi avait voulu repartir pour apprendre à l'Amiral l'arrivée de ses dépêches ; mais il lui fut impossible d'obtenir des marins et des rameurs qu'ils refissent ce terrible trajet, « dont la réussite paraissait un miracle sur lequel il ne fallait pas compter deux fois. Force fut donc à l'intrépide gentilhomme d'attendre le navire que Mendez était allé solliciter du Gouverneur général. » (2)

Pendant que le courageux capitaine de pavillon accomplissait sa périlleuse mission, les têtes des naufragés se montaient rapidement, sous l'influence détestable de Porras et de son frère. Un parti de gens de Séville se forma, résolu à se révolter d'abord, à déserter ensuite.

Après avoir parlé à l'Amiral malade avec l'insolence la plus grossière, Porras rejoignit les rebelles, pilla avec eux armes et objets d'échange et les révoltés s'éloignèrent, abandonnant leur chef et les officiers restés tous fidèles, hors Ledesmas et Sanchez devenus traîtres. La confusion s'augmentait du désespoir des malades qui se croyaient abandonnés. Colomb, toujours compatissant, » se fit porter à l'infirmerie pour les consoler, relever leur courage, leur parler de Dieu... Qui apporterait bientôt remède à leur situation. » (3)

Malgré ses infirmités, (il souffrait non seulement de la goutte et de rhumatismes, mais encore d'une ancienne blessure reçue dans un de ses vaillants combats d'autrefois,) il venait sans cesse les soigner de ses propres mains et leur prodiguer des consolations

(1) Roselly de Lorgues, édition populaire, page 487.
(2) Roselly de Lorgues, édition populaire, page 487.
(3) Roselly de Lorgues, édition populaire, page 493.

paternelles. Dieu bénit cette charité en guérissant promptement les malades et en leur permettant de quitter l'infirmerie. Ces résultats prodigieux, l'assiduité de l'Amiral, sa vigilance et son contrôle irritèrent profondément maître Bernal, médecin du bord. De ce moment, il se prit à haïr le saint Amiral; cette haine constituait le danger le plus sérieux de tous pour Colomb, cette âme noire et tortueuse ne sachant pas (comme tant d'autres depuis, hélas!) reconnaître et admirer la charité inouïe du Messager du Verbe, charité qui égale celle des plus grands saints, reconnaissons-le enfin avec admiration.

§ IV

ORRAS et ses complices commirent mille excès dans l'île, poussant la cruauté jusqu'à couper les mains des rameurs indiens, lors de leurs vaines tentatives pour imiter Diego Mendez. Quant à l'Amiral, il vécut en bons termes avec ses alliés indigènes jusqu'au moment où ceux-ci « soit qu'ils cédassent aux excitations des rebelles, soit que les déprédations de ceux-ci eussent changé leurs dispositions, cessèrent tout à coup d'alimenter les caravelles. » (1) On juge des angoisses douloureuses du saint Amiral. Ses prières ardentes lui inspirèrent avec persistance l'idée de s'appuyer sur un phénomène de la Nature qui se préparait (une éclipse de lune,) pour parler avec autorité aux Indiens qu'il convoqua solennellement. Il leur dit que la Providence l'avait envoyé là comme leur hôte, « leur reprocha leur manque de foi et leur dureté et ajouta que Dieu, son Seigneur, savait leur projet de faire périr de

(1) Roselly de Lorgues, édition populaire, page 497.

faim les étrangers, malgré les accords arrêtés entre
eux pour l'approvisionnement des caravelles ; qu'assu-
rément Celui qui récompense les bons et punit les coupables était irrité de leur manque de bonne foi et
d'humanité. Et, pour leur prouver la supériorité des
serviteurs de son Dieu, il leur annonça que le soir
même, au lever de la lune, ils verraient bientôt l'astre
rougir, malgré la sérénité du ciel, puis s'obscurcir et
leur refuser la lumière. Quelques-uns eurent peur,
mais les autres rirent. » (1)

Les fanfarons cessèrent de ricaner lorsqu'ils consta-
tèrent la vérité des paroles dites par Colomb. Hurlant
de terreur, « ils accoururent, chargés de provisions,
aux caravelles, promettant d'apporter désormais des
vivres régulièrement. Sur leurs instances, » (2) l'Amiral pria pour eux et l'on connaît assez son cœur pour
savoir avec quelle ferveur il recommanda à son divin
Maître ces pauvres âmes ignorantes. Quelques paroles
paternelles rassurèrent et édifièrent les Indiens qui
« remercièrent l'Amiral et s'en allèrent, louant le Dieu
des chrétiens dont ils ne parlèrent plus qu'avec un
grand respect. (3) Ils furent, dès lors, exacts pour les
approvisionnements.

Dix mois s'étant écoulés sans avoir de nouvelles de
Mendez, Bernal profita du découragement et de l'irritation pour tramer un complot avec les ingrats malades guéris par Colomb, pour massacrer l'Amiral, enle-
ver les canots et piller ce qui était à bord. « Dieu
remédia à ce péril. Peu d'heures avant son exécution,
on aperçut une petite caravelle. Son aspect fit avorter
le crime. » (4)

Il nous faut, pour expliquer cette apparition tar-
dive, revenir à l'arrivée de Mendez et de Fieschi à His-

(1) Roselly de Lorgues, édition populaire, page 500.
(2) Roselly de Lorgues, édition populaire, page 500.
(3) Roselly de Lorgues, édition populaire, page 501.
(4) Roselly de Lorgues, édition populaire, page 503.

pânola. Ovando avait poliment recueilli le capitaine du
pavillon, mais sa haine cauteleuse, loin d'être désar-
mée par la situation lamentable où se trouvait le Vice-
roi des Indes, le bienfaiteur de sa patrie, cette haine,
disons-nous, le fit tergiverser et retenir Mendez près
de lui sous des prétextes mensongers. Le brave officier dut donc assister à une scène effroyable qui classe

Ovando parmi les bourreaux les plus exécrables qu'ait
subi l'humanité.

Loin de reconnaître la loyale amitié de la Reine Anacoana (la mort du Roi Behechio venait de rendre « la
Fleur d'or » unique Souveraine de ces beaux parages)
et sa généreuse hospitalité à son égard, il la soup-

çonna, sur des dénonciations calomnieuses, de tramer des desseins perfides ; pour prévenir cette prétendue machination, il attira l'aimable et loyale Princesse à une soi-disant fête, qui n'était autre qu'une Saint-Barthélemy d'Indiens. Alliant le sacrilège à la trahison, il donna à ses sicaires, comme signal des violences, l'attouchement de sa croix de Saint-Jacques, puis, tandis qu'il jouait froidement au palet, on se saisit de la Reine qui fut brutalement enchaînée, entraînée à la capitale, emprisonnée et pendue ! Les Caciques et les grands seigneurs indiens furent torturés, puis brûlés ainsi que Xaragua dont les cendres cachèrent la multitude de victimes innocentes.

Ce n'est qu'après avoir commis ces horreurs que l'infâme Ovando « permit au capitaine de pavillon de se rendre à Saint-Domingue, selon ses désirs. Mendez n'hésita pas et partit à pied, seul, faisant ses soixante-dix lieues sous la garde de Celui Qui l'avait déjà protégé ». (1)

Les colons, instruits par Fieschi de la position du Vice-roi, se montrèrent indignés qu'on ne le secourût pas. Les courageux et fidèles Franciscains parlaient bravement en chaire pour leur saint ami et l'opinion publique força Ovando d'agir enfin.

Il est tristement curieux de savoir de quelle façon il procéda. Il envoya un brigantin commandé, non par un marin, mais par un officier de terre ; Ovando eut soin de choisir pour cette mission Diego de Escobar, l'ennemi le plus acharné du Vice-roi des Indes, à qui il confia ce qu'il traitait dérisoirement de « provisions ». Elles consistaient en *une moitié* de porc et *un baril* de vin, destinés à *cent trente* hommes !

Malgré la mauvaise grâce et l'insolence avec lesquelles le misérable Escobar accomplit sa mission (il refusa d'aborder les caravelles et ne permit pas à ses

(1) Roselly de Lorgues, édition populaire, page 507.

gens de répondre aux questions) il dut remporter une missive de Colomb et, de ce jour, les naufragés attendirent de Mendez le secours espéré ; avant leur départ de l'île, ils durent combattre les rebelles qui s'étaient décidés à les attaquer. La valeur de l'Adelantado lui fit accomplir des prouesses de géant et la miséricorde de l'Amiral facilita aux vaincus une entente qui mit fin aux troubles et aboutit à l'emprisonnement de Porras. Tout était pacifié lorsque arrivèrent deux caravelles ; l'une, nolisée par l'infatigable Mendez ; l'autre, envoyée en rechignant par l'horrible Ovando, contraint à le faire par l'opinion publique. Quant à Mendez, il s'était embarqué pour l'Espagne, dès le départ du navire qu'il lui était enfin permis d'envoyer à son saint maître, afin de porter aux Rois le message dont il était chargé.

Comme pour souligner la merveilleuse protection grâce à laquelle les deux chaloupes de Mendez avaient fait le trajet de Santa-Gloria à Hispanola, les caravelles furent plus d'un mois à franchir la distance « que, par la Miséricorde divine, Mendez avait sillonné en quatre jours, à la rame et en canots !... Il n'est pas aujourd'hui un officier de mer, midshipman ou Amiral qui, au prix d'un royaume, voulut tenter le passage de la Jamaïque à Haïti, dans les seules conditions qui s'offraient à Diego Mendez. « Qui pourra croire ce que j'écris ici, mande Colomb aux Rois catholiques, et il ajoute aussitôt : Je dis que, dans cette lettre, je n'ai pas raconté la centième partie de ce qui m'est arrivé. « Enfin l'Amiral mouilla, le 13 août, dans le port de Saint-Domingue. » (1)

Quoique accueilli avec enthousiasme et respect par la population. (Ovando, quoique poli, prit néanmoins des airs de maître et délivra immediatement Porras, osant parler de juger, non les coupables, mais

(1) Roselly de Lorgues, édition populaire, page 517.

ceux qui s'étaient défendus !) le Vice-roi des Indes
hâta de tous ses efforts son départ pour l'Espagne, car
la barbarie systématique avec laquelle étaient traités
les infortunés Indiens par les chercheurs d'or qui les
traquaient et les malmenaient comme des bêtes fau-
ves, déchirait le cœur du Messager du Verbe, impuissant à réprimer les horreurs tranquillement approu-
vées par l'abominable Ovando. Il partit donc le 12 septembre, sur une caravelle nolisée à ses frais ; le second
bâtiment, commandé par l'Adelantado, emmenait les
marins voulant être repatriés et auxquels la générosité de l'Amiral accordait gratuitement cette faveur.

Le voyage fut long, pénible et périlleux ; on y sentait le dernier effort de Satan et de « la Mer Ténébreuse. » Le bâtiment de Colomb, désemparé par un
coup de vent, dut être abandonné par lui pour le
navire de Don Barthélemy. Le Vice-roi, quoique
retombé malade et craignant pour cette seconde caravelle des plus avariées par les bourrasques, persista
dans son voyage et fit plus de sept cents lieues sur ce
navire démâté, dominé qu'il était par un désir plein
d'angoisse...

...Car il avait su à Hispânola que la grande Isabelle
était malade, très malade, et il voulait la revoir ici-
bas pour lui rendre compte de son crucifiant voyage
et des résultats immenses qui en ressortaient.

Ce fut le 7 novembre « par la permission de Dieu »
que Colomb arriva au port de « San-Lucar. » (1)

. . . .

(1) Roselly de Lorgues, édition populaire, page 522.

ui, elle se mourait, la Reine catholique. Dieu détachait de l'Espagne cette perle incomparable, afin de la faire mieux briller Là-Haut, dans cette couronne d'élus qui sertissent le diadème divin du Christ. Elle se mourait pendant que l'Amiral, incapable d'aller audelà de Séville, restait là, pantelant d'angoisses et de douleur, comme un nouveau Daniel dans la fosse aux lions, car il était dans le repaire de ses ennemis les plus férocement acharnés.

L'agonie ne put dominer la pudeur de l'angélique Isabelle qui retrouva des forces pour rabattre les draps soulevés pour l'Extrême-Onction. Jusqu'à la fin, son courage admirable avait lutté contre le mal et lui avait permis de recevoir Diego Mendez à son arrivée, de le récompenser avec éclat en lui conférant la noblesse ainsi que des armoiries qui perpétuaient « l'image de son héroïsme. » (1) Ce même courage lui avait fait vouloir entendre raconter par le brave capitaine du pavillon tout ce qui s'était passé et tout ce qui se commettait d'horreurs à Hispanola. La généreuse indignation de la Reine méditait le juste châtiment d'Ovando et lui avait fait dire de ce monstre, en parlant au président du Conseil de justice : « Je lui ferai tenir une place qui n'a jamais été occupée ! » mais la Providence s'était réservée le châtiment, et l'on frémit en songeant à ce qu'il a dû être...

C'est « le mardi 26 novembre 1504, que cette exquise essence de toutes les vertus s'exhala vers son Dieu. » (2)

L'Amiral, ignorant cette catastrophe, songeait pendant ce temps-là à se rendre près de la mourante et, dans son désir désespéré de parvenir au but de tant de douloureux efforts, il voulut faire le trajet dans une litière funèbre ! Détail tristement sinistre : le Chapitre ne consentit à la lui prêter « qu'à cette condition expresse, que le trésorier de la marine s'engagerait, personnellement, à faire rapporter le brancard mortuaire en parfaite conservation. » (3) C'est au Vice-roi des Indes, au bienfaiteur de l'Espagne que ces Castillans, ces prêtres, osaient imposer des conditions pareilles, pour un misérable assemblage de quelques morceaux de bois.

Hélas ! l'Amiral n'en eut pas besoin, car la nouvelle fatale lui arriva avant son départ.

Pour qui ignore ce qu'est une grande douleur, la souffrance de Colomb sera incomprise ; mais les affligés devineront en frissonnant ce que dût être l'angoisse inénarrable de cette âme sublime.

(1) Roselly de Lorgues, édition populaire, page 526.
(2) Roselly de Lorgues, édition populaire, page 527.
(3) Roselly de Lorgues, édition populaire, page 527.

Isabelle, sa Souveraine, était l'âme de la Découverte.
C'était l'amie loyale et ferme qu'un seul instant d'erreur avait fait faiblir, mais dont la courte défaillance
avait été noblement rachetée par les pleurs généreux.

Affection paternelle du vieillard pour cette âme pure

et charmante, dévouement indomptable et respect profond du sujet pour la Souveraine de son choix ; chaste
tendresse d'une amitié incomparable liant deux natures
d'élite, tout cela était brisé par la mort inexorable ! A
cette souffrance inouïe, s'ajoutaient les tortures d'une
attente savamment combinée par l'odieux Ferdinand,
survivant, hélas ! à sa sainte épouse, et triomphant
comme l'est trop souvent le mal ici-bas.

9

Les lettres de Colomb restaient sans réponse. Les audiences qu'il obtint, dès qu'il put se traîner à la cour, furent empreintes d'une politesse dérisoire ; la conversation du Roi ne traitant que de la santé du Vice-roi, (en qui il affectait de ne saluer qu'un simple Ami-ral), des soins à prendre et des docteurs à consulter.

Don Diégo n'était pas plus heureux que son illustre père, et ses démarches, ainsi que ses lettres de récla-mation, n'obtenaient aucun résultat. Alors que les ar-rivages d'or étaient nombreux et abondants, le Vice-roi des Indes, à qui l'on en était redevable, était à l'auberge, souffrant de l'indigence et empruntant dans l'excès de sa bonté incomparable, pour venir en aide aux marins rebelles qui avaient voulu l'assassiner !

A ce martyre s'ajoutait celui, plus atroce encore, de savoir les Indiens persécutés et détruits avec une fé-roce insouciance. Voilà donc comment l'on traitait les âmes que le Messager du Verbe brûlait de sauver..... L'abandon de son projet sacré, la délivrance ou le ra-chat du Saint-Sépulcre, achevait de briser son âme.

Un dernier coup lui restait à subir : l'atroce Ferdi-nand osa le lui porter en lui faisant offrir « de renoncer à ses privilèges et d'accepter en échange un domaine situé en Castille, auquel on ajouterait une pension sur les fonds de la couronne. »(1)

Voilà de quelle façon étaient récompensés la soumis-sion, le zèle, la prudence, le dévouement et la fidélité de Colomb, vertus qu'il conserva à l'égard de Ferdi-nand comme pour Isabelle.

...Mais pourquoi tant de haine et tant d'ingratitude? Ah! c'est que la grandeur du Messager du Verbe im-portunait le cauteleux Monarque ! C'est qu'il se sentait inférieur à ce sujet traité en Roi par le fier Joam II et par le Pape, Vicaire de Jésus-Christ. C'est enfin qu'il

(1) Roselly de Lorgues, édition populaire, page 540.

était immensément redevable au bienfaiteur de l'Espagne et que la reconnaissance est de ces choses qui exaspèrent l'égoïsme et la suffisance. Voilà qui explique cet acharnement impie de la médiocrité contre le génie qu'elle torture, tandis qu'elle exalte à dessein les subalternes et les intrigants.

Devant l'offre inique, insultante du traitre monarque, le Vice-roi des Indes « garda le silence de l'indignation, se bornant à en appeler à Dieu de cette iniquité.

« Ainsi, l'homme qui, en ce moment, rendait l'Espagne le royaume le plus riche et le plus puissant de la chrétienté, n'avait pas une tuile pour abriter sa tête, couchait dans un lit de louage et se trouvait réduit aux emprunts pour payer sa dépense à l'auberge. »

Ce dénûment ne suffisait pas à la tacite animosité du Roi. Non seulement il privait l'Amiral de ses revenus, il voulait encore le dépouiller de ses titres et de ses honneurs »(1), suivant les progrès de l'affaiblissement de sa santé avec la même patience sinistre que met le chat-tigre à guetter sa victime.

(1) Roselly de Lorgues, édition populaire, page 541.

VI

OLOMB, saintement muet, « avait pleinement conscience de l'immensité de ses Découvertes, et par cela même de l'énormité de l'injustice royale, et sentait que jamais iniquité plus criante ne fut commise envers un homme. Par la donation apostolique du Saint-Siège et la ligne de démarcation papale dont il était secrètement cause, il avait assuré à la Castille la moitié du globe; et on lui refusait ses droits, ses titres, ses honneurs, son pain! Il ne possédait au monde que ses revenus, et on les faisait disparaître! C'était à la confiance ou à la commisération de quelques Génois qu'il devait de pouvoir subsister chétivement par des emprunts.

Il voyait s'éloigner indéfiniment la délivrance du Saint-Sépulcre, désir désespéré de toute sa vie, lorsque tout semblait prêt pour sa réalisation. L'or abondait maintenant, et chaque arrivage promettait pour la saison suivante des richesses grandes; mais rien n'était pour lui. Que ne devait pas éprouver son cœur ? Pourtant il ne laissa entendre aucune plainte et arrêta sur ses lèvres tout reproche prêt à en sortir... Renfermant au fond de son isolement l'amertume de ses tristesses, il les offrit à Celui dont il avait porté la Croix... » (1) Devenu l'image vivante du saint Etendard, l'Ambassadeur de Dieu s'identifiait avec la Souffrance divine, pardonnant, comme son Jésus, aux ennemis qui creusaient sa tombe !

« En dépit de son calme apparent et de sa stoïque retenue de paroles, la perte d'Isabelle avait fait à son cœur une déchirure d'où s'échappait goutte à goutte la source de sa vie. Pour prolonger la vie de Colomb, il eût fallu pouvoir ressusciter la grande Isabelle et fermer à l'instant la plaie saignante des Indes » (2), dont les enfants étaient martyrisés au lieu d'être évangélisés ! eux qui, confiants, doux et naïfs, étaient devinés, compris par le saint Amiral, aimé d'eux non moins tendrement qu'il les aimait !

. . . .

La mort du Messager du Verbe fut celle d'un Prédestiné ; le digne couronnement d'une vie d'apôtre et de martyr, affirme le savant chanoine de Plaisance, Pietro Maria Campi, qui avait reccueilli sur cette fin superbe des notions exactes.

On se figure aisément le Saint mourant dans la pièce misérable dont les murs avaient pour seul ornement les chaînes dont il avait été chargé, « unique récompense qu'il eût reçu du monde. » (3) Après avoir remis au notaire du Roi l'acte de ses dernières volontés, Colomb gisait là, « oublié des grands, du peuple, et en proie aux déchirements par lesquels s'opère la décomposition de notre enveloppe mortelle. Néanmoins, au milieu de l'invasion du trépas, sa fermeté d'esprit subsistait complète ; sa pensée demeurait limpide et

---

(1) Roselly de Lorgues, édition populaire, page 543.
(2) Roselly de Lorgues, édition populaire, page 547.
(3) Roselly de Lorgues, édition populaire, page 549.

clairvoyante comme au temps de ses Découvertes. » (1)

Dominant la mort comme les vastes mers, humblement revêtu de l'habit du Tiers-Ordre de Saint François, à l'exemple de la grande Isabelle mourante, il exhortait pieusement ses deux fils, ses officiers et « quelques Pères Franciscains, ses amis. » (2) Il se confessa ensuite avec une humilité digne de son saint habit.

Puis, par une incomparable délicatesse de sa charité, il déclara vouloir être enseveli avec ses chaînes afin « d'effacer cette image de l'ingratitude royale et que leur aspect n'aigrisse pas secrètement le cœur de ses enfants contre l'injustice de la cour.

... D'heure en heure, le grand Amiral de l'océan se sentait toujours plus attiré vers le port de son éternité. Il demanda la faveur de recevoir encore une fois sur la terre le Pain des anges » (3) dans cette pauvre chambre qui rappelait d'une façon si touchante le dénuement de la Crèche ; le Christ dût Se sentir doucement ému de la glorieuse misère dans laquelle Il voyait Son Messager mourant, Son Messager toujours fidèle.

Tant de souffrances étaient bien faites pour obtenir les grâces de la dernière heure. « Aussi, malgré le tremblement que toute créature mortelle doit éprouver devant la majesté de l'Auteur de la vie, Christophe était rempli d'espérance... Un instant encore et il allait posséder la vie éternelle.

« L'intégrité de son intelligence se maintenait complète, malgré l'invasion croissante de sa destruction. Quand il sentit sa fin tout à fait proche, Colomb sortit de son recueillement séraphique et demanda lui-même le sacrement de l'Extrême-Onction. Sa lucidité n'avait

(1) Roselly de Lorgues, édition populaire, page 549.
(2) Roselly de Lorgues, édition populaire, page 550.
(3) Roselly de Lorgues, édition populaire, page 551.

rien perdu de sa force. Il put suivre les prières des agonisants que l'on disait pour lui. Il écoutait avec une humble componction la recommandation de l'âme que faisait près de lui un des Franciscains, disait lui-même les répons. Puis après avoir amèrement savouré les transes de l'agonie, sentant venir le moment su-

prême, à l'heure du midi, le disciple du Verbe adressa au Père les propres paroles que proféra le Sauveur expirant sur la Croix :

Mon Dieu, je remets mon âme entre Vos Mains
Et il rendit l'esprit. » (1)

(1) Roselly de Lorgues, édition populaire, page 552.

— C'était dans la fête de l'Ascension, le 20 mai, 1506.

. . . .

» Les fidèles Franciscains accompagnèrent l'humble cercueil à la cathédrale de Valladolid où furent célébrées très modestement les obsèques du grand Amiral de l'océan, Vice-roi des Indes. Après quoi, ces Religieux le déposèrent dans les caveaux funèbres de leur couvent de l'observance. Colomb, qui avait rencontré chez eux son premier asile, reçut d'eux la dernière hospitalité. A quelques jours de là, personne en dehors de la famille franciscaine ne songeait à cette glorieuse sépulture. » (1) L'ingratitude Espagnole modelait son attitude sur celle de l'indigne Ferdinand.

(1) Roselly de Lorgues, édition populaire, page 554.

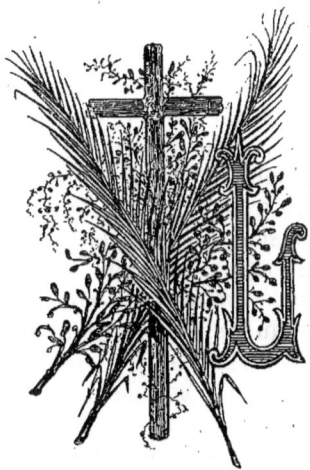

VII

E martyre du héros chrétien ne finit pas avec son dernier soupir. Sa mémoire dut subir la honte de l'oubli, les injustices de la postérité exaltant des subalternes et des intrigants aux dépens du Messager du Verbe, du Révélateur du globe, de l'Ambassadeur de Dieu! On démarqua le Nouveau-Monde comme un objet volé se transforme sous des mains audacieuses et « *la Terre de Grâce*, » ce nom superbe qui lui avait été donné par Colomb, devint bêtement « l'Amérique » de par le *grand* Amérigo, le *sublime* Vespucci, ce Lilliputien de la gloire dont il faut découvrir le mérite avec un télescope.

— ...Et comme si tout cela ne suffisait pas, il fallut que l'école protestante manipulât avec effronterie la vie merveilleuse du grand serviteur de Dieu, « accaparant le monopole de sa biographie ; le dessinant à sa manière, systématiquement, avec des traits absolument opposés à ses actes et à son caractère.

» Mais au jour heureux où monta sur le siège apostolique Pie IX, le premier Pape qui eût mis le pied dans le Nouveau-Monde, la renommée de Colomb émergea

soudain des ombres de l'erreur. Et lorsque l'immor-
tel Pontifed aigna nous ordonner d'écrire cette histoire,
dejà par la diffusion de notre précédent livre : *la Croix
dans les deux mondes*, les sympathies chrétiennes se
trouvaient prêtes à l'accueillir. ». (1)

— Un don de Louis-Philippe au musée de Séville
(le portrait de Christophe Colomb), puis un pèlerinage
de la pieuse Reine Marie-Amélie au ruines du monastère
de la Rabida réveillèrent en Espagne le souvenir de
l'illustre et saint Navigateur. Dès lors, on s'occupa du
grand homme.

— Sa majesté la reine Isabelle II parla de Christophe Colomb en nobles termes, dans un discours de la
couronne. Il fallait une grande âme portant ce nom
prédestiné pour faire revivre avec éclat cette auguste
mémoire. Le duc de Montpensier se distingua par son
zèle à mettre en relief ce qui émanait du saint Amiral,
et la France, après avoir eu la tristesse de constater
qu'un Suisse, Martin Waldsemuller, établi à Saint-Dié,
avait été cause par une téméraire brochure dédiée « *au
divin empereur d'Allemagne!* » de faire débaptiser le
Nouveau-Monde ; la France, disons-nous, eut la joie de
constater ces temps-ci que le zèle pieux de l'élite de ses
enfants contribuait puissamment à divulguer la gloire
du Messager du Verbe et à lui faire élever, sous l'impulsion des livres admirables du comte Roselly de Lorgues, des monuments en Europe et dans le Nouveau-
Continent. A l'heure présente, *plus de neuf cents Evé-
ques* ont signé un Postulatum sollicitant du Saint-Siège
la proclamation officielle de la sainteté du grand serviteur de Dieu.

— Arrivé à l'année du quatrième centenaire de la
Découverte, le monde entier se prépare à acclamer
l'homme incomparable que Dieu Lui-même, dans une

(1) Roselly de Lorgues, édition populaire, page 554.

communication merveilleuse, a déclaré être aussi favorisé que David, Son serviteur!...

— Puisse cette année mémorable voir le triomphe
céleste de Christophe Colomb réjouir le Ciel et la terre!
Les femmes chrétiennes y aideront, il faut l'espérer,
en faisant joindre les mains innocentes des chers petits,
grâce auxquels la famille devient le sanctuaire des
Anges, et elles obtiendront, de par le doux balbutie-
ment de ces lèvres pures, naïves comme les enfants
des îles tant aimés par le Messager du Christ, le droit de
dire tout haut, désormais: « Saint Christophe Colomb,
priez pour nous! »

14 Février 1892

TABLE DES MATIÈRES

FIN DE LA TABLE

Limoges. — Imprimerie Marc Barbou et Cie.

www.ingramcontent.com/pod-product-compliance
Lightning Source LLC
Chambersburg PA
CBHW071804090426
42737CB00012B/1944